現代詩學叢刊

他，喚醒太陽

羅文玲
黃金明　主編

圖一　蕭蕭在中學時代圖書館前留影
（陳麗卿提供，攝於二〇一五年六月十日）

圖二　蕭蕭在第二十屆世界詩人大會上發言留影

圖三　濁水溪詩歌節詩歌朗誦賽活動結束，母校學弟妹與濁水溪詩歌節
　　　的靈魂人物蕭蕭合影。（陳麗卿提供，攝於二〇一六年十月二十八
　　　日）

圖四　二〇一三年五月三十日蕭蕭策畫「詩歌的太陽──兩岸屈原文化及詩會交流」與鄭愁予、余光中合影

圖五　二〇一六年端午蕭蕭在湖北宜昌屈原故里萬人詩歌節朗誦

圖六　龍人古琴村創始人謝建東贈與蕭蕭古琴，並聘請蕭蕭擔任「原龍詩教中心」主任

圖七　大陸首席古琴家楊青，演奏蕭蕭琴詩，詩人與古琴家的歡喜相遇，促成明道大學龍人古琴課堂成立

圖八　蕭蕭在福建長泰龍人古琴研究院朗誦詩歌，促成明道大學龍人古
　　　琴課堂設立

圖九　二〇一六年五月龍人古琴文化節，確定明道龍人古琴課堂設立

圖十　蕭蕭捐贈上萬冊圖書，手把手的傳遞給彰化朝興國小學生

圖十一　蕭蕭在彰化朝興國小建置蕭蕭工作室，帶動閱讀寫作風氣

圖十二　蕭蕭於朝興國小蕭蕭工作室與學生合影

圖十三　蕭蕭指導中學生新詩創作一景

圖十四　蕭蕭策畫鄭愁予詩歌朗誦會，與鄭愁予合影於國家歌劇院

圖十五　蕭蕭與明道大學碩博班學生在梅花樹下品茶討論美學

圖十六　蕭蕭擔任文學院院長時，帶領同仁參與德文課堂活動

圖十七　蕭蕭帶著來自非洲史瓦帝尼外籍生，體驗臺灣的茶與文化

圖十八　蕭蕭詩集《無法馴養的風》

圖十九　蕭蕭第一本茶詩集《雲水依依》

圖二十　蕭蕭第二本茶詩集《雲華無盡藏》

圖二一　蕭蕭著作等身，超過一百五十本

圖二二　蕭蕭在明道大
　　　　學設置古琴課
　　　　堂與學生合影

圖二三　蕭蕭參加基隆
　　　　市文化局舉辦
　　　　二〇二二年基
　　　　隆海洋文學獎
　　　　宣傳照

目次

一　文壇詩人們的立象演義

二　學界教授群的傳神存真

三 系所研究生的欣慕嚮往

第四十二屆吳三連獎文學獎
──蕭水順（蕭蕭）評定書

吳三連獎評審委員會

　　蕭蕭（本名：蕭水順，1947-）彰化社頭人，其現代詩影響，既在詩創作，也在詩評論、詩傳播。前期的詩作，追求西方意象主義小詩的精緻，兼有一字一行空間景觀式的立體主義嘗試，多以迴環複杳的抒情省視自我。嗣後，以詩筆關注鄉野風情、百姓生活，表現生民之苦、碩鼠之怨，為農業時代的鄉村造像；解嚴年代的詩寫老兵、寫廟會、寫家庭紛爭，也寫自然生態，並有後現代實驗；世紀末以至於新世紀，他的詩回到東方，隨物有感，融會古典，發揚人文情志，冥思時間命運，以孤寂、靜悟的禪境形成風格特色，表現形式則大量採用組詩。

　　早在一九六〇年代，蕭蕭即開啟現代詩的創作與評論工程，他是最早有系統地撰述現代詩導讀、期望建構臺灣現代詩史的人。承接前行代詩人的影響，加入一九七〇年代開始創作的中生代詩人群，曾被視為領頭羊。

　　蕭蕭曾任景美女中、北一女等中學教職逾三十年，接著又任教明道大學十餘年，二〇一二年退休後受聘為講座教授。長期執教期間出版新詩賞析教學讀物極豐，如：《現代詩入門》、《青少年詩話》、《現代詩創作演練》、《現代詩遊戲》、《中學生現代詩手冊》、《新詩體操十四招》等，引導青少年及一般民眾閱讀現代詩、親近現代詩有巨大功

能。其詩學論著如：《現代詩學》、《臺灣新詩美學》、《現代新詩美學》、《後現代新詩美學》、《空間新詩學》、《新詩創作學》，亦多為學界引用。

　　蕭蕭已出版詩集十餘種，包括《舉目》、《悲涼》、《緣無緣》、《雲邊書》、《皈依風皈依松》、《凝神》、《草葉隨意書》、《雲水依依》、《松下聽濤》、《撫觸靈魂・風的風衣》等，各集作品皆有代表作，而最被稱頌的〈仲尼回頭〉，有條理地展現孔子「回頭」的情景，隱喻教育家的愛，更用聖人也不能免的挫折遭遇，凸顯關懷天下的仁者精神，其詩心意涵，堪稱蕭蕭一生的追求與實踐！爰經吳三連獎評審委員會審議，評定蕭蕭先生為第四十二屆吳三連獎文學獎得獎人。

　　　　　　——本文原刊於吳三連獎基金會，網址請掃QR-Code：

第四十二屆吳三連獎文學獎

得獎感言

蕭　蕭

　　很高興有機會繼彰化前輩臺灣詩哲林亨泰之後，獲得吳三連新詩類文學獎。首先要感謝吳氏家族在文化延續、言論自由的路上，一代接一代的努力，讓前輩詩人──跨越語言的一代，有著心靈飛翔的開闊天地，讓戰後的我們有不受束縛的寫作空間，開拓了我們望向國際的眼界與胸懷。

　　其次，我也想對育成我的彰化，表達內心的感激。根據文獻，彰化在清朝雍正元年（1723）正式設縣，二〇二三年就是彰化建城三百周年紀念，建城之前，其實先民已陸續從唐山來到臺灣，築港行船以行商的泉州人，闢建農田、開啟山林的漳州人、客家人，先後陸續到達他們覺得適合營生、適合傳衍後代的所在，彰化就是這樣一個有山丘、有平原、有海峽，因而有人、有情、有義，有文化、有藝術，適合展望未來。

　　關於「彰化」，政治人物，由上對下，都說是為了「彰明皇化」、「彰明教化」，但是站在深具文化厚度、傳承功力的臺灣子民眼中，我們會認為要彰明的是「文化」，當然，站在文學工作者的立場，我喜歡陶淵明說的「縱浪大化中，不喜亦不懼」的大化，那是大自然化育萬物的生命本質，我來了，我想了，我順服的是這大自然化育萬物

的魔力。或許，未來我們文學創作的核心肌群就在這「大化」與「文化」間往復思索，來回累積吧！

——本文原刊於吳三連獎基金會，網址請掃QR-Code：

主編序：走過，詩起，萬物如初

黃金明

福建漳州閩南師範大學文學院院長

蕭蕭，是一位真正的詩人，他走過的地方，都有詩，而在他建構的詩的世界裡，萬物鮮活如初。

一　世界的本質是什麼？

二〇一二年，時任明道大學人文學院院長的蕭蕭受邀來到漳州師範學院（二〇一三年更名為閩南師範大學）講學。他無疑是詩歌的精靈，在他的感染和幫助下，閩南師範大學文學院開展了多項詩歌活動，包括舉辦清明詩會、端午詩會、中秋詩會、元旦詩會，成立文學社團，佈設詩歌牆、開展一年一屆的閩臺大學生寫作研習營和詩歌節。同年五月的第一屆漳州詩歌節，蕭蕭第一次來到雲水謠。

雲水謠古鎮原名長教，二〇〇五年電影《雲水謠》在此拍攝，人們習慣稱之為雲水謠。其實電影故事隨著時間的推移漸漸遠去，而這名字，和長教千年古榕樹、榕樹下清瑩的小河、河邊的百年老街、千年古道，確有某種隱秘的聯繫。詩人蕭蕭以詩走向了這個世界。

蕭蕭和參加詩歌節的人們一起，喝茶，談詩。他寫道：

風　無意說法
從高處的雲端飄近水湄
又飄向遠方
遠方　無心說法
任雲從山谷間聚攏
又散飛到天際
天　無能說法
千萬年來只讓一個謐字
吸引大地
大地　無處說法
卻容許綠色大聲喧鬧
綠　無法說法
只讓茶米心的香氣在雲水間　搖

　　詩題為〈南靖雲水謠〉，詩人發現亦還原了一個本真的世界。詩歌使用連環體頂真修辭手法，段與段之間的連環呼應，風、雲、水、山谷、天際、大地、綠等物象變成一個個音符，構成連綿迴環的優美的樂章。這種修辭手法，同樣應用於在南靖雲水謠創作的〈隨阿利老師雲水謠品茶〉、〈老榕與老牛——雲水謠所見〉等詩中。而在〈南靖雲水謠〉這首詩的樂聲中，迴盪著的「風　無意說法」、「遠方　無心說法」、「天　無能說法」、「大地　無處說法」、「綠　無法說法」，則昭示著，世界的本初是自然。

　　回到萬物之初，也就是回到自然。不只如此，在雲水謠，詩人蕭蕭回到原鄉，一如他在大地，在大地的任何一個地方，感受著自然的無限生機，自然的生命趣味。「悉如雲水之依依／如樹與石在山裡風裡自在」（《雲水依依》）。「自在」，正是生命最為本質的存在。「從未

起身，也從未撐起尊嚴卻自有尊嚴的千年老榕，不必抬頭也知道白雲千載悠悠，不必低頭也知道悠悠千載那水自在地流」（〈老榕與老牛——雲水謠所見〉），「當清芳逸往俯身而臨的白雲／牛，還在水草邊自在觀心」（〈隨阿利老師雲水謠品茶〉），蕭蕭創作的〈南靖雲水謠〉、〈金駿眉〉、〈老榕與老牛——雲水謠所見〉、〈隨阿利老師雲水謠品茶〉、〈長教人，生死相許〉等詩，呈現出天地間一切既是自然的，也是自在的。

　　或許，萬物的本初，正是自然自在的。

二　詩歌的本質是什麼？

　　漳州有個龍人古琴村，位於長泰後坊村馬洋溪邊，那裡有古琴界最具代表的品牌——龍人古琴。二〇一四年閩南師範大學文學院在龍人古琴村建立中華優秀傳統文化研習基地，龍人古琴在文學院建立龍人古琴課堂。二〇一五年，蕭蕭來到古琴村。二〇一六年，閩南詩歌節以「詩與琴」為主題，開展系列活動。

　　詩人蕭蕭是龍人古琴村的真朋友，他熟悉那千年的古樟樹，熟悉那淙淙而來、潺潺而去的馬洋溪，熟悉鯉魚山上的雲，熟悉山裡的琴音，熟悉那裡的一切。「我們共有這地、這天／長風、淡雲／懷抱中的巨石循著琴音進入他的夢境／我隨著夢，千里——萬里——輕盈」（〈抱石樹與素心人〉）。

　　蕭蕭在〈古琴村的老樟樹〉中寫道：

淙淙而來的是溪水的過去

老樟樹不止聽取
那一磊磊波折的河石
那一節節急轉的河灣
那一段段開闊的河床
老樟樹還聽到
高山的心臟所吐出的瀑布聲
時間的氣管所汲引的呼吸聲
那平野的肚腹舒舒坦坦的夢

潺潺而去的是溪水的未來

大自然運行的聲音，老樟樹聽到了，蕭蕭聽到了，詩可以見證。這是物和物之間的相呼和相應。而人和天地之間如何相呼且相應呢？

詩與音樂是心靈與萬物呼應最純粹的形式，蕭蕭曾寫下古琴八式：潤心式、通神式、融真式、留淳式、涵天式、探玄式、入安式、回凡式，以詩的形式，傳遞琴樂的世界「天與心如何運行」：「那細細的七根弦是連天通地的雨絲」，只要專注凝神，便「暫時遠離了山遠離了水、遠離塵囂／遠離喜悅、飛塵、歡叫」，心也就走向了天。「在神的天地與神會通」，你可進入到萬物本真的世界。這個世界，「山水召喚，巧心巧靈始終呼應」，且「人鳥不驚／不知是雲天涵容了我們還是我們涵容了天地」。究其原因，那「是因為頻率交融，是最原始的那一點真相互擊發／我們伏服在高山流水聳立之前、奔競之後」。

詩人蕭蕭曾說，心與物的交感互動是好詩的基本條件。在心靈與世界相呼相應中，萬物生生不息的聯繫呈現在世人面前，而人的生命

也變得澄澈。生命如初，「循著最後的尾音，我們知道這次第仍然需要與狼共舞，仍然有劍戟有冰山有芒刺，在手在背在父母慈愛所不能及的地方，荊棘崎嶇顛簸，陽光空氣花和水都在，酒在，狂在，酒狂在，善的循環在，循環再循環，我們仍然是布衣裹身，仍然是血肉之軀護衛著靈魂」（〈回凡式──古琴八式之八〉）。人們常在探尋外在世界中迷失，往而不返；在尋找自身中茫昧，陷入泥潭。而詩人，在心與物的交感互動中，將認識世界和認識自身融為一體，如莊子所言，天地與我並生，萬物與我為一。也由此，生命從自然走向自在之境。

常想，是誰，讓萬物有聲有色、生生不息？是萬物，亦是詩人。或許，詩歌的本質，就是呈現生命的原初，進入自然且自在之域。

三　詩人何為？

蕭蕭是詩人，出版了《舉目》、《緣無緣》、《雲邊書》、《皈依風皈依松》、《凝神》、《我是西瓜爸爸》、《後更年期的白色憂傷》、《草葉隨意書》、《情無限・詩無邪》、《雲水依依：蕭蕭茶詩集》、《月白風清》、《松下聽濤》、《天風落款的地方》等十幾部詩集。而且致力於詩歌理論的建構和詩歌的評論、教育與推廣，著有《現代詩學》、《土地哲學與彰化詩學》、《現代新詩美學》、《後現代新詩美學》、《臺灣新詩美學》、《空間新詩學》、《物質新詩學》、《心靈新詩學》、《現代詩創作演練》、《新詩體操十四招》、《蕭蕭教你寫詩、為你解詩》、《現代詩入門》、《現代詩縱橫觀》、《青少年詩話》、《現代名詩品賞集》、《現代詩導讀》等。他以詩歌聯通著這個世界，把整個生命投入到詩歌的世界中。

在一個資訊化、碎片化、功利化的時代，科學技術高速發展，物質產品迅猛增長，而人的心靈世界受到前所未有的挑戰，人們在技術

化、物質化世界的追求中一去不返。然而正如奧地利詩人里爾克《致奧爾弗斯十四行詩》所說：「儘管世界急速變化／如同雲形之飄忽／但完美萬物／歸本於原初／歌聲飄揚於變化之上／更遙遠更自由。」但只有詩人，指示著「完美萬物，歸本於原初」，只有詩歌，讓人們不被複雜多變的世界遮蔽，心空「更遙遠更自由」。

　　春秋時孔子與弟子交流人生的志趣，曾點「鼓瑟希，鏗爾，舍瑟而作」，曰：「莫春者，春服既成，冠者五六人，童子六七人，浴乎沂，風乎舞雩，詠而歸。」或許，詩人的使命，就是讓世人回到生命的原初，回到自然且自在之域。

　　二〇一七年五月十三日，為了表彰蕭蕭老師在詩歌教育中所做出的卓越貢獻，閩南師範大學為蕭蕭老師頒發了特殊貢獻獎，頒獎詞寫道：

> 心向天地開放，故山在，水在，日月自常在；人與純真往來，故物美，人美，天地有大美。從彰化到漳州，身在何處，詩就在何處。從閩南詩歌節到臺灣文學研習營，從閱讀書寫教學到閩粵臺文學文化活動聯盟，為促進兩岸文化教育交流辛勤奔走。以文傳道，以詩傳心。春風化雨，潤物無聲。

二〇二一年，詩人蕭蕭喜獲臺灣第四十二屆吳三連獎文學獎。

　　蕭蕭是一位執著的詩人，他以純真、以詩喚醒萬物、喚醒太陽。我們很慶幸，在數位化、智慧化、疫情常態化時代，詩人在我們身邊。

一
文壇詩人們的立象演義

蕭蕭的時間哪裡來？

——讀蕭蕭，寫蕭蕭，談蕭蕭

林煥彰

臺灣詩人

　　讀蕭蕭，寫蕭蕭，談蕭蕭，不知如何讀起、如何寫起、如何談起；正在苦思中，月底就要截稿！我很笨，我好多事情都忘了，我還不知道要如何動筆！此時，我突然剛為我自己寫了一首詩，題叫〈翅膀的高原之上〉，想想，我就這樣利用它，在引言處，「給自己」之後，注入：「兼敬致——詩人學者蕭蕭」，想想，這樣好像也可以；我這篇文字，就這樣開頭吧！

　　　〈翅膀的高原之上〉
　　　　　——給自己，兼敬致詩人學者蕭蕭

　　飛，是一種理想
　　我在思考，
　　鳥，有翅膀；
　　飛，是鳥的思考
　　那高原之上的
　　也可以
　　成為我的思考？

我，非鳥
我，沒有翅膀
思考，我飛翔
會否成為我的
一種負擔，
一種煩惱？

飛，我的飛
是想像的；借它
我給我自己機會，我飛翔
我，日夜飛翔；

在高原之上，
在青海湖上，青翠明亮
清澈，
透明之中⋯⋯

一

　　蕭蕭悉通古今上下，悉通人文地理，悉通儒釋道，悉通詩文學藝術和琴茶⋯⋯似乎是無一不通；我說他是我的好友，而且應該說，他是我的老朋友；絕對不用懷疑。我這麼說，是我沾光了，不管是否只是我個人自己單方的認為，我就不管他要不要接受，要不要承認，我就是他的老朋友？無論如何，他在我心目中，我是這樣永遠的、去除不了的老朋友；不過，我還是要先訂正、說明，我說蕭蕭是我的老朋友，「老」是我自己的老；已八十好幾，但蕭蕭還年輕，比我小太多

了，才不過「人生七十才開始」！

我說「老朋友」，是因為我們相識，已早早超過半個世紀，在我這一生中，我就認為已經是夠久了；這麼久了，我還很有福氣的，經常會從他得到我如有下輩子，我也還不了的，很多很多的關注和鼓勵；他給我的恩情，我再三輩子也沒能力還；我是很笨很拙的人，能承他不棄，便是萬萬之幸！

說蕭蕭他是我的老朋友，我還應該再訂正，他是我的真正的貴人……

二

一下要追憶從五十年前想起，對我來說，有相當難度；我說我是很笨很笨的人，一點都不謙虛；當然，就不是謙虛，的確是我自小就記性極差，也正因為如此，我小學畢業之後就無法考取蘭陽地區的每一所中學，因此我一輩子的最高學歷，永遠保持在國民小學裡！我這樣的一個鄉下出身的人，能有機會認識蕭蕭、他是奇才奇人，一位優秀的了不起的詩人學者，著作等身之外，學問之淵博，我怎能有幸高攀，不怕從他高高的智慧和學術峰頂，摔落到谷底？……

想起和蕭蕭結緣，真是三生有幸！

我一向記性很差很差，懵懵懂懂的就活過來，好像都不用去記什以前的事……現在，我要想寫一點點蕭蕭和我的「關係」，我卻又不得不好好想一想，而且還得從五十年前想起；真的是有點「為難」；為什麼？就因為我的記性太差了嘛！我還得翻翻蕭蕭寫的一些與我有關的文章……

三

和蕭蕭認識，進而又成為我們自己認為曾經在臺灣現代詩史上、有過一段相當值得慶幸的事，是個人這一生相當重要的一個開始；我們曾經是同一個詩社，更重要的是一起共同組成的……那就是「龍族詩社」；一九七〇年的事，但要從他還在輔大念書時講起：那時，我同時認識了他和陳芳明……

只是迷迷糊糊的，記得他們舉辦一場現代詩朗誦會，我去參加，沒想到就這麼有緣，我們就有了機會在，共同組成了「龍族詩社」；當然還有其他同仁，創辦了《龍族詩刊》……

從此，我們同仁就有機會，經常在一起、談談當時現代詩壇的一些現象和問題；我們「龍族」要如何針對問題、做出相應的主張，確立編印出版詩刊的走向和發展；當然，那時蕭蕭和陳芳明都已分別進入師大、臺大研究所，各有不同主修、深造，我是極為羨慕、祝福他們，也與有榮焉……

儘管我們《龍族詩刊》的成長和出版時間並不太長，大約四年左右；但在重要時刻，我們是完成了階段性的工作，在臺灣現代詩史上，我們都曾經一起奉獻了一份重要的心力；在整個臺灣現代詩史上，我們自己仍然覺得是值得欣慰的……

應該也可以說：改變了一個世代，而且是有了實質的重要性的改變。

四

在我從事新詩寫作，以及由成人詩走進兒童詩和兒童文學的路上，為兒童寫作這件事，蕭蕭一直是我的貴人；從成人詩來說，我認

為這部分的寫作，一開始我是為自己而寫，有自我療癒作用和意義；年輕時，我學習寫詩，我從中找回了自尊，和追求自我成長……蕭蕭總在關鍵時刻，給予我最需要的支持和鼓勵……

從「龍族」開始，我對於現代詩的追求，由現代精神的專注到轉移重視現實與落實在關懷生活寫實、抒寫心境，又以口語化的語言來表達，在在都適時給了我很大的支持很鼓勵；在論述和出版上，都有具體給予我極大的幫助，例如我的第六本詩集《無心論》的出版（文鏡版，1986年3月），就是蕭蕭一手促成的，它是我出版了《牧雲初集》（笠詩社版，1967年2月）、《斑鳩與陷阱》（田園版，1969年8月）、《歷程》（林白版，1972年9月）、《公路邊的樹》（布穀版，1983年6月）、《現實的告白》（布穀版，1985年）之後，第一本不用自己花錢出版的書；他還主動幫我寫了很中肯、很重要的序：〈詩人的心──讀林煥彰詩集《無心論》〉……

五

「龍族」停刊之後，蕭蕭已進入教育界，開始在中學執教；我也開始分心專注於為兒童寫詩；但蕭蕭依然關注我在為兒童寫詩的事，他就針對當時兒童文學界，尤其新興的兒童詩，提出了相當重要的基礎論述，為臺灣兒童詩做了重要的理論建設；對我個人來說，具有相當大的啟發作用……幫助我更具體思考為兒童寫詩，我該如何朝向更貼近兒童純真、善良的本質，很有信心的努力追求更好的表現；這就是我一路走來、沒有跌倒，半途而廢的最好的憑藉。

蕭蕭對我的關注、幫助和鼓勵，一直是存在的，我無法一一記得清楚，當然也就無法做出什麼表現或回饋！

尤其是二〇一九年八月十六日，他默默的對準了我的生日，特意

邀請了海內外文壇詩人、作家、學者，多達五十三位，為我撰寫專文；包括：臺灣、金門、馬祖、大陸、香港、泰國、新加坡、馬來西亞、印尼、越南、美國等地，由大出版單位萬卷樓圖書公司印行《林深音廣‧煥彩明彰——林煥彰詩與藝術之旅》是十八開本，三八二頁，大部頭的專書。並由明道大學國學研究中心策畫，結合萬卷樓圖書公司和文訊以及詩人王婷、葉莎等朋友捐助，出錢出力，聯合提前於同年八月十日，假臺北紀州庵文學會館，隆重舉辦新書分享發表會和慶生會，會中捐贈一百多本給與會的每位文友和貴賓；我一向都不敢勞動人家，自知個人對社會或文壇、都沒什麼作為，對誰都沒盡到任何應做的事，只知自己對詩和畫有興趣、就默默的一直在學習而已；沒想到、不敢想，蕭蕭竟然做了這麼耗費心力、以及借重他個人珍貴的人際關係和寶貴資源，完成了這麼盛大的事！我何德何能，竟然有此榮幸，此生這一輩子都萬萬不敢擁有的！我時刻銘記於心。

六

近些年，從二〇一五年起，也由於蕭蕭在明道大學任教，榮任人文學院院長，他積極規劃推展兩岸高校、以及學界的學術交流，具體連結建立明道大學與漳州閩南師範大學文學院等，每年都具體舉辦教授互訪授課和學生交流遊學專案，並有閩臺詩歌節系列活動，還包括學術研討和詩歌朗誦等；正由於有這類與詩相關的重大活動，我又十分榮幸的沾了蕭蕭的光、托他的福，跟著他、數度走進閩南師範大學和明道大學，是十分難得的，去到了福建長泰縣龍人古琴文化村和武夷玉山學院，又到了武夷山親近千年茶王、大紅袍的靈氣和品茗，從未有過的感受到真正的茶道、詩香和禪境……

七

蕭蕭給我的，一直是有求必應的；光是二〇一六年，幾乎同時，他再怎麼忙，也沒推辭，更沒推遲延誤，他都總能在我正需要的時候，又多提前給了我；二〇一六年，我手上有兩本書，都要在當年七月出版，首先他就在五月中，為我寫了《小詩磨坊・泰華卷（10）》的序文；說是序文，他是扎扎實實的完成了一篇如學術論文那樣重要的文章，題為〈十年一劍・風華無限〉，分十個章節，詳述我們泰華「小詩磨坊」十一位同仁在這一年要推出的合集中的詩作，精要的一一導論；泰華「小詩磨坊」，是我為了推廣東南亞小詩（六行含以內）寫作，於二〇〇三年元旦，在泰國、印尼《世界日報》副刊執編任內，開始提出的一個具體計劃；並於二〇〇六年六月，在曼谷與泰華詩人曾心共同發起，獲得詩人嶺南人、博夫等六位，正式成立的小詩寫作的社群，復於次年七月起，由我擔任主編長達十二年，今年（2022）已進入第十六年，每年於七月出版，從未中斷；其次是我個人年度的生肖詩畫集《千猴・沒大・沒小》，也同時要出版，蕭蕭就在那一年的「天清地明之日」於四獸山之前，為我寫下極珍貴的推薦序，真誠、中肯而又細緻的耙梳、指出我那一年內心深沈的痛楚……

不僅如此，他知道我這一年，為了要配合出版生肖詩畫集，日夜以水墨塗繪「千猴圖」，他還特別為我爭取到明道大學舉辦《諸侯祝福》水墨畫個展，安排講座，又極為用心的邀了一所幼稚園的全體小朋友、和我就詩和畫一起互動，讓我很開心的走入大學學府，而又能接觸到最純真可愛的幼小朋友，分享天倫之樂，是我從未有過的幸福！我能有這樣的福分，完全就是蕭蕭細心規劃、以及他的得力助手明道大學文學院國學研究所主任羅文玲教授的落實執行，而圓滿完成。

八

　　讀蕭蕭，我欠缺閱讀能力，無法對蕭蕭所有著作都一一閱讀；他的著作之豐富深廣與專精，不僅是詩散文及其相關論述和教學之外，還擴及儒釋道命理學等；涵蓋了文史哲，我是真正的佩服，五體投地；光是詩的部分，其創作之精與豐，我都不知如何用心仔細一一讀他！

　　就讀他《緣無緣》，算是早期作品，我讀其中〈河邊那棵樹〉，就像是蕭蕭他自己的心靈上的一部史詩，綿綿密密的抒展，在臺灣現代詩人群中，應是絕無僅有；既抒情舒懷又直入心靈的至高精神境界；我反覆讀它，從第一首讀到第三十五首，我也藉它讀進了我自己大半的人生，……！受益無窮，身心舒暢，心神輕靈……

　　讀蕭蕭，只讀了蕭蕭名字的兩個字；我三輩子也無法讀完蕭蕭的每一個字……

　　讀《緣無緣》，我忽然想到前輩詩人洛夫二〇一四年十月出版《唐詩解構》，是否可說，蕭蕭的《我心中那頭牛啊！》如以「解構」來說，似乎比洛夫更早，詩就可以這樣「解構」，他這一類的詩，在《緣無緣》中，就有甲、乙篇各十首，分別從太白山普明禪師和梁山廓庵則和尚的禪詩蛻變，以心靜心、淨心，以禪悟探索自我內在心靈、抒寫心境；普明禪師的詩，從〈未牧第一〉開始，而廓庵則和尚的詩，則從〈尋牛第一〉起，一一禪示回應，蕭蕭他自己心中的那頭牛；甲篇、乙篇各有十首，都扎扎實實，每一首都達到了禪的至高境界，值得讀者細心靜心參悟！寫這輯詩時的蕭蕭才幾歲，算一算，《緣無緣》是一九九六年三月出版，詩作的完成理當更早；應該還是前中年吧！蕭蕭生於一九四七年，不到五十呀；他是早慧？還是高人指點？頓悟！

　　我還喜歡讀他同是《緣無緣》中的另一系列，或可稱為一首長

詩；那就是〈河邊那棵樹〉，總計三十五個章節；夠了，它就是不折不扣的一首長詩，我讀它，反覆讀它，止不住心中的澎湃；哪來這種靜中之動！蕭蕭，你平時看他，他不就正如河邊的那棵樹，不就是一直安安靜靜的、斯斯文文的嗎？

我既羨慕又忌妒，一本書生儒者，靜穆不動，修養到家！讀〈河邊那棵樹〉，每一首都由「河邊那棵樹」開頭，對泥土說、對淚說、對落葉說、對河說、對微風說、對石頭說、對太陽說、對夢說、對歸鳥說、對蚯蚓說、對流水說、對通泉草說、對月亮說、對左岸那棵樹說、對往事說、對飛鳥說、對小沙子說、對霧說、對蟬說、對兩岸說、對雨說、對滾石說、對木筏說、對風箏說、對夜說、對水聲說、對擱淺的船說、對心情說、對身上一片半黃半綠的葉子說、對雨後的彩虹說、對黃昏說、對刀鋒說、對赤裸的天空和流水說、對一堆拋棄的家具說、對腳印說；是沒完沒了的一直說，不論是短到三五行（如14則只有五行，扣除開頭兩行，其實是三行），或最長的也不過十行；如再扣除開頭兩行，其實也只是八行，大多是五六行，他就可以瀟瀟灑灑、揮灑輕如莎士比亞的羽毛筆，寫下他對整個浩瀚宇宙的關注和細心的傾訴；請讀一讀：

1

河邊那棵樹

對泥土說：

我只在你面前流淚

全然張開自己的傷悲

一如你張開自己

全然環擁我和我的

淚，緩緩，滲入你的心井

溫潤蚯蚓

35
河邊那棵樹
對腳印說：
你會懷念那雙腳
還是懷恨那重量？
當那雙腳踩下
你驟然成形
也驟然成空
懷念要繫在哪裡？
懷恨又能懷有多久？
幼年總角之交的髮香啊！

好了，夠了，這一頭一尾（最後一首）的兩首，你讀讀是否也有了個人的深刻感受，對於人生種種，你必定會有多樣不同的體悟和詮釋，我是深深的受到了啟發；讀蕭蕭早年的詩作，以及近年的詩，你當會有更多的發現和感悟……

我認定的，一直以來，蕭蕭他就是我的老友，同時也是我的老師……

文學因緣少年時

——我的學長，才子蕭蕭

龔 華

臺灣詩人

一 文學因緣

　　當時光流轉，回首來時路上的波濤湧動，穿越歲月景深，來到黃昏之年，於彩霞滿天的回憶中，錯過的年少因緣，最是彌足珍貴。與蕭蕭學長初次相見，應該是在一九九九年的某個秋日、詩人瘂弦於永康街的「長春藤」法式餐廳、招待遠道而來的詩評論家沈奇的午宴上。名詩人蕭蕭是座上賓，我也有幸應邀參加；印象中，學長沉默寡言，頰邊的酒窩裡泛著微笑。那次午宴上，我們並未交談。

　　有幸與詩人蕭蕭再度重逢，以致相識相認，互稱學長學妹，已是離開校園時代的三十年後。二○○○年八月，於希臘舉行的第二十屆世界詩人大會（The World Congress of Poets），臺灣代表團由中國文藝協會理事長詩人綠蒂（王吉隆）率領，團員包括詩人蕭蕭、楊平、陳素英、宋哲生、徐世澤、楊啟宗、趙娣嫻。八月十二號，一行人於中正機場出發，赴希臘因轉機需要，行程中還順道增加了新加坡的旅遊景點，並於大會會後，安排了土耳其之旅。那時候，我進入詩壇未久，文學路上重新歸隊，能與詩人們有從容的相處機會，尤其目的地是嚮往已久的希臘，開懷心情可想而知。

　　本名蕭水順的詩人蕭蕭，於一九六九年畢業於輔大中文系，我則晚他一屆，同為輔大校友，算來我們曾經有過三年同在輔大的校園時光，親切之感，油然而生。旅途中，因輔大法文系教授趙德恕神父（Fr. Imre Zsoldos, SVD）的加入，氣氛更加熱絡起來。趙神父來自匈牙利，於二次世界大戰時期，**翻越鐵幕前往奧地利**，年少時即加入天主教聖言會，一九六四年來臺參與輔大法文系的創立，其後又創辦了法文研究所。畢生為教育奉獻、熱心助人，懂得二十多國語文的趙神父，離鄉背井來到臺灣近四十多年，早已將臺灣當作他的第二故鄉，自然而然，於世界詩人大會中，均以臺灣代表團成員的身分參加。同是輔大校友師生，時光突然倒轉，如潮湧動而來，健談風趣的趙神父一路上侃侃而談，勾起了我們更多的輔大情緣與校園回憶。

　　數算時日，再回頭已近半個世紀。大學時代，雖然念的是理科，但心中總惦記著文學。其實，當年參加大專聯考，是因為歷史、地理成績不好，國文也僅屬普通，數學、生物、化學反而略勝一籌，因此糊裡糊塗的報考了理組（第三類組），成為輔大食品營養系第四屆學生。那時輔仁大學在臺復校不久，新建的校園雖有十分新潮的現代化建築，但新栽的樹苗尚未綠樹成蔭，廣闊的校區顯得有點空蕩。冬天來時，尤其風大，不論上圖書館或上理學院耕莘樓（行政大樓）打電話，都得冒著嚴寒；還記得有幾次女生宿舍熱水供應不足，不得不提著熱水瓶穿過大樓、取道曲折小徑，遠到紅樓（文華樓）的文學院餐廳充水。冬夜校園裡刺骨的寒風，莫名的敲擊著年少心扉，深化了不識愁的滋味。一九六、七〇年代，當奔放的文哲思潮席捲而來，沉迷於現代主義、存在主義文學著作，彷彿為離鄉北漂的學子們於落寞中尋到一絲線索，被忽視的鄉愁、不被理解的年少青澀，所謂的苦悶的象徵，方才沒來由似的尋獲一丁點慰藉；於是，文學夢的追尋逐漸發酵，加劇我對尋夢的渴望。當時輔仁大學幾經周折、方才於一九六一

年在臺復校，理工學院由隸屬天主教的聖言會創辦管理，食品營養系在德籍修女吳秉雅主任（Sr. Maria Urbania）的勞心勞力下成立，對於門下子弟極其用心，以母雞帶小雞似的愛心栽培，在「一個也不能少」的庇護理念堅持下，我被數度約談，終究在Mother（我們對系主任吳修女的暱稱）的苦心勸阻下，跨院轉文學系的心願化為虛幻。勤跑圖書館、嘗試於文學大海中尋求抒發解放，或窩在女生宿舍裡胡亂寫作，成了僅有的慰藉；投稿校刊之外，《幼獅文藝》、《現代學苑》、《臺糖旬刊》，甚至教會通訊週報也成為我刊登創作的目標。偶而得知文學院舉辦藝文活動的訊息，自然不可錯過，幾名現代詩人名家的演講，如洛夫、羅門、蓉子的那幾場朗誦座談會，至今仍浮現腦海；依稀記得，因為陌生，我選擇的座位總在後排角落，兀自默然沉浸於文學的感動中。

當畢業驪歌響起，淡淡的離愁中有未能圓夢的懊惱，繼續燃燒夏日的文學夢中，有莫名的感傷，不知哪來的勇氣，那年暑假聽說文學院外語系有助教因出國離職，我未加猶豫即刻毛遂自薦，依稀想起自己求見外語學院院長文納神父（Fr. Peter Venne S.V.D）的天真可笑身影，也許是面前這個二十出頭、帶點自不量力的學生的傻勁，感動了文神父，interview結束，文神父當下即告訴我被錄取擔任英文系助教，暑假就可來上班。擔任助教期間，文藝氣息令我欣喜，如文哲教授們的講壇，印象深刻的還有延請薇薇夫人來校的演講，那場人文講座經外語系芮修女安排，由我接待。而於協助「外語學院學生輔導中心」的工作期間，為學生翻譯佛羅姆的《The Art of Loving》，以及因主編《現代學苑》的項退結神父的鼓勵，發表翻譯外文著作如〈藏在鹿皮裡的人〉（1971）等等，都有助我於學習中成長，為我帶來接近文學的契機。英文系助教經歷，於我可謂人生重要印記。想起離職的過程卻有些悵然，外語學院工作未滿一年，即被營養系主任發現，想

必我的「背叛」傷了她的苦心栽培，一頓訓斥後被召回主修本系；正陷入左右為難之際，巧獲一個外商文書職務的機會，情不得已下，決定離職解圍。

被稱為「紅樓」的文學院文華樓前的荷花池與草坪，至今依然飄盪著我年少的白日夢情懷；而助教經歷，為我追尋文學的足跡留下一絲萍蹤浪影。外語大樓二樓邊間的助教教室，有上帝為我打開的一扇明亮窗口，那一年我二十一歲。漫漫歲月於不知不覺中流逝，雖經無數次遷徙，但助教聘書始終留在我的百寶箱裡，上面的日期是一九七〇年八月一日。黯然離開校園後，經歷過外商文書、外貿事業、因病離開職場，直至文學歸隊，已來到一九九〇年代初期。步入文壇之後，回憶校園時代，才猛然發覺文學院社團舉辦的現代詩相關活動，忙進忙出的學長有蕭水順、陳芳明……，還有英文系的羅青哲（羅青）等，而那時擔任《輔大新聞》、「文哲學會」會長，以及「水晶詩社」社長的高材生，正是輔大校園才子、中文系蕭水順學長。

話匣子一開，有聊不完的話題。昨日今夕的照映下，詩意風情，緩和了旅途的舟車勞頓。赴第二十屆世界詩人大會的東南歐漫長行程，經過兩日的周折，二〇〇〇年八月十四日清晨五點半，於黎明的疲憊的夜色中，終於輾轉抵達希臘首都雅典；來接機的是位多年前來自臺灣的導遊張先生，得知這位張步仁先生是梅新在文大新聞系的同班同學，意外的驚喜，延伸出一個又足以暢談的話題，詩人蕭蕭與詩人梅新的淵源。一九七八年，梅新初任臺灣時報副刊主編至一九八〇年初，爾時，早在十六歲的年少階段已有詩創作發表的蕭水順，於詩評論的才華上亦有亮麗的表現，受邀參與梅新主事的企畫編輯活動足跡可鑑，例如一九七九年《臺灣時報・副刊》主辦的詩的活動會後，蕭蕭完成了一篇報導文學：〈與永恆拔河的詩人 —— 余光中作品〈獨白〉鑑賞會紀錄〉。此外，對於梅新詩作如〈風景〉、〈口信〉等，蕭

蕭於早年即有獨自的見解，讚賞梅新詩作題材寓意層面的廣度，足以輻射出詩作中關注人生寫實的種種景象。而於一九七九年八月發表的〈梅新的「大擔島嶼二擔島」〉詩作評論（《幼獅文藝》50卷2期）中，亦曾表示「梅新的詩簡潔可親，把握住事物個別的殊異風貌。並認為梅新喜歡集中焦點尋求事物的特質。以『點』突破發展出一首完整的詩，是從殊相中的異，演化為共同的相。」

二　仲尼回頭

最難忘記，臺灣代表隊於希臘世界詩人大會上，蕭蕭詩作〈仲尼回頭〉的演出。前一天晚間的餐會上由蕭蕭臨時構想，邀陳素英與我一同腦力激盪，因為時已晚，可研究的細節有限，剩下的只好各憑本事、臨場發揮了。當晚因緊張難以入眠，我跳下床來翻閱了《蕭蕭世紀詩選》，將其中的蕭蕭詩觀摘錄一段，中文英譯，以配合詩人陳素英的現場詩人介紹，作為序幕；再自大會贈送的紀念草帽上拆下藍、黃彩帶，相間編織成一個髮圈，權充「聖人」桂冠。次日，〈仲尼回頭〉由蕭蕭親自朗誦，「聖人回頭」的演出，在詩作朗誦聲中，我扮演「聖人」緩緩出場，同時搭配以重複的詩句當作迴響，「聖人」頭戴桂冠，身穿白袍，凝重的步伐「走過魯國開闊的平疇」，以緩慢的手勢揮向揮不去的「遍地麥穗不再黃熟」的感傷；當那「回頭止住那一顆忍不住的淚沿頰邊而流」的詩句迴響於耳際，於表演回頭的一剎那間，我竟情不自禁被深深感動，果真忍不住當場涔涔淚下。表演尾聲將近，也是重頭戲的開始，當蕭蕭的詩句「走過人生仄徑時，仲尼曾經最後一次回頭：看天邊那一個仁字，還有那個人在左邊，撐天上的那一橫、地上的那一橫；留個寬廣任人行走！」響起，詩友楊啟宗走到臺前場地中央，恭敬的撐開一個「仁」字。

那幕〈仲尼回頭〉的演出，令在場來自世界各地的詩人，留下至
為深刻的印象，如雷的掌聲響起。詩人懷抱使命，將儒家思想的仁愛
精神，推向國際。希臘之行，見證了學長認真的態度，也使我進一步
感受到蕭蕭詩的內涵力道，發自詩人由衷的慈悲，包容天地的仁厚之
心，無遠弗屆。達成詩歌、思想交流的任務中，詩人蕭蕭同時不忘向
西方世界宣揚中華文化的使命，與世界詩人大會宗旨「以詩為出發
點，促進人類手足情，闊步走向世界和平的理念精神」（World Brother-
hood and Peace through Poetry），不謀而合。

三　學姐的少年郎

　　人生巧緣總是於不意中降臨，得知蕭蕭學長與夫人戴老師是同班
同學，在校期間，與我同住女生宿舍宜真學苑A樓，雖非室友，但三
年同一棟宿舍，曾為芳鄰，卻形同陌路，等待數十年後才有緣千里與
學姐相認，莫名的歡喜油然而生，不意間一個令人莞爾的畫面漂浮腦
際，遙遠卻深刻難忘；一九六〇、七〇年代的保守年代，女生宿舍在
修女舍監的嚴格管理之下，平日連會客的交誼大廳也不準邁入一步的
男生，只得在宿舍門口徘徊、癡癡守候。記得某個傍晚，有位攔住我
幫忙送情書的靦腆男孩，樣貌已經模糊，也不知道是誰，但想必蕭學
長當年也曾經是命中註定，在女生宿舍門口苦苦站崗的多情少年郎之
一吧！

單音拉尾，微揚

石德華
臺灣散文家

「這個朋友一定很特別，不然你不會為他的得獎專程上臺北。」我走出吳三連獎頒獎典禮，和臺北朋友餐聚。我說是的，一聽我說出名字，有人脫口就驚呼：「啊——，是他！我上過他的課——。」

以小可以喻大了，這一問一答間，一個文學界頂尖知名大咖兼名師，就這樣被端了出來，而迢路，專程，獨為，一個你願意為之打破日常的人，當然，不二說，他必是我心中特別的人。

蕭蕭，疊字、複詞、重言，完全具象他在文界、詩壇、學術領域那種累加大量的份量。但我始終喚他「蕭～～」，單音拉尾，當紅行銷學都說：故事才能打動人心。但我實在編不出什麼特殊緣由，我一出口就是。

得要用後設的手法、回首的角度看這一路的他和我之間，也許故事才編得下去，說這「一出口就是」不就是一則預言隱喻：

蕭～～，一音到底，不費力、不換氣，隨口而尋常，微揚尾，勻平而長。

我進文壇的得獎作品〈開麥拉，春〉，他是三位評審之一，我的散文著作《很溫柔的一些事》，他為我作〈序〉，他是松柏嶺受天宮北極玄天上帝跟前長大的社頭囝仔，去到天涯海角了心都繫牽在彰化，當時他北居經年，我住在彰化，因由文學與對新進的期勉，他〈代

序〉的題目就名為：我留在彰化的妹妹。

後來，我們雖沒更多交集互動，但在可以提攜推介的每一時刻，他都沒忘記我的名字：年度選文、文學營講師、教科書編寫……，他從沒提，我也從沒謝。我們沒更親近，也從不覺得會疏遠。然後，夾角越來越開，人生就各自曲折而去。他有他的繁花他的殿堂，我有我的星月我的巷陌。或者可以說，我們有自己的銀河航道，浩瀚宇宙無邊天際，各以不輟的文字創作一如頻率穩定的星系訊號，當作互道平安的無線電波。

際遇對我有造就力量，而最重要的是肉眼看不到的，比看得見的現實所謂困境更難調伏的，是一顆處困的心靈，內心經歷過的那些什麼，才讓我真正有所不同。如果此際我淡素無波，必是因我曾經心念雜蕪湧動不安。

這些年蕭蕭寫茶禪詩，於人生有一種靜和的寬待與理解，讓我每一翻閱，是一棵寂寞蒼樹被銀白月光輕籠睇視的無聲療慰。歲月深深的他，光環高度被親和微笑揉融調節，走出一身令人即之也溫的嚴與慈的均衡。均衡，這似乎不只是他本人以及與他相處的人的安然自在感，詩人蘇紹連評詩，也說「蕭蕭的詩作有一個突出的特色是交融平衡」，生活態度造就與詩語言，詩與人一致才能如此。

「我用食指靜靜抹除那不再懸浮的微塵鏡子依然明亮昨日的明亮不曾記憶一群微塵懸浮的樣子」他的詩是這樣寫的，而我是因由自己，更懂得過程與漸進的才是主體，生命不是形容詞、名詞，是進行不休的動詞，所以，禪，之前是茶，禪茶，之前是俗世，是紅塵；悟，之前是不悟；均衡，之前是懸浮；鏡子明亮，之前是一根伸出的食指。

這詩人，給身邊所有人安然自在感，或者是因為，他擅長鬆綁沉得很低很密的壓力，有本事稀釋去所有緊縮的空氣，「風飛沙的現場

是生命的道場」，他說，人人冒險擔苦也都得往前行，甚且「背對著風，倒退著走，才能前進，且退且進，是退是進，也要往前行」。眾生皆是風霜勇者，他不捨加重，存心疼憐，他看全局不看局部片段，他懂人生。

我因二〇一一年一場生命中的重大失去，而沉寂許久。有一天突然接到蕭蕭妻子的電話，她說旅行到國外買的一件睡衣太大了，想來朋友中只有我的個頭才合穿……。我於是走出家門，去到明道大學，一樣的，他沒多問，我也沒多說。主人邀雲天湖樹一起款客，我靜靜領受著世間一種不著痕、不言說的美好善意。一直到現在，十年了，一到冬天，我仍還會穿上那套純棉的皮爾卡登睡衣。微微笑著就收攝了吃力的眉角，不動聲色就遞出落落長的話語，也可能說不妥當的那些安慰。這一向不就是「蕭～～」的風格？

剛動完心臟大手術出院不久，他親參吳三連獎頒獎典禮，穿著鐵衣挺身直腰走上臺，致詞的時候，他身體的右半邊及拿稿子的手是抖的，但他不遲、不疑，一字一字稍有吃力卻清晰的在表達。這，我是知道的，剛從生死的交界緩步走來，他用活著最光耀的一刻，對今生所有可貴的相知相遇，以謝。

很難得的，他住院前我們多訊息了一些心底話，「這種年紀已經沒有人、沒有語言可以安慰了。」他說，「老哥，一定要先承認很害怕。就讓害怕穿透全身。」我回。我叫他準時收看《女力報到》，介紹他看《四樓的天堂》，並且預告「明天十點《俗女養成記》完結篇。」

老哥，我第一次這樣稱他，無啥大事，就住住院，得得獎，出出書便是。是痛，但「凡短暫皆可忍耐」，然後，出院。過日子。

在所有美的盛的苦的痛的一切之前，他只是受天宮北極玄天上帝跟前長大的社頭囝仔。

　　動大刀前夕，他突然將《心靈低眉那一刻》散文初稿的電子檔，分別寄給他最得力的伙伴羅文玲及我，文玲問我「你知道為什麼嗎？」我點點頭：「託孤」。

　　請勿以白帝城託孤的故事來比擬，諸葛孔明太有才幹，劉備還得「嗣子可輔，輔之，如不才，君可自取」的囉嗦了一點。我是趙雲，什麼話都不必，照往例你沒說，我也沒問。託孤給趙雲是劉備不必託的當然。

　　出院。過日子。第一事，蕭蕭來臺中聚餐了陳憲仁、羅文玲及我。他指著自己和身側已切除膽囊的憲仁：「坐在這裡的，一個無膽，一個開心。」我們一起笑了起來。

「你手還會抖嗎？」

「會，小楷不能寫了。」

「我小你們六歲，六年後就要抖了。」

「又不是每個七十幾歲的都要抖。」……。

　　有些好茶，十二泡之後都還沖和潤口，色澤淡樸，像我們的情誼吧。我談著笑著看著他們，眼底星霧薄薄，我們相識三十餘年了……

　　他們從三合院那頭走來，相借要去隔壁庄作點什麼，經過茅舍牛牢，經過大芒果樹下，停下腳步，一起看向蹲在樹下撿落葉、排石頭的小女孩。這小女孩小他們幾歲，有時跟隨在他們身後一起去看戲，有時和他們在稻埕胡亂奔跑叫跳，並不愛哭愛綴路，有時完全不理人，蹲在那裡歸下晡。要招她一起去嗎這次？他們彼此看一眼，喊了幾聲小女孩的名字，沒應，頭都沒抬，小女孩正在和挖到的蚯蚓說話……，「免管汰伊，咱來去──」。他們走遠了，小女孩頭還是沒抬，她知道，他們回來的時候，會將摘來的水果分她幾粒，有時，會給她一把田間摘來的各色野花……。

詩人風範

李宗舜

馬來西亞詩人

所有的腳印隨著風
所有的風隨著記憶
所有的記憶都像過往的腳印迎向一陣風
虎虎而過

—— 留下我

二十個世紀過去了
茹毛飲血的腥味淡了
粗獷的的歌聲遠了
腳步齊了
虎虎而過

—— 紅塵裡留下我（蕭蕭〈紅塵荒野〉）

要說使我心儀已久而未曾謀面的前輩詩人，蕭蕭算是其中的一個。讀著詩人的作品以及他同其他作家編選的年度詩選，後來看了九歌出版社由詩人張默和蕭蕭主編的《新詩三百首》，是我最喜愛的詩選之一，從新詩萌發的前行代至現當代（1917-1995），三百名詩人的詩藝遊走於紙面，穿透雲層來到眼前。而蕭蕭這首〈紅塵荒野〉更是

百讀不厭。

文學結緣的種子什麼時候落地萌牙而開花，是一種捉摸不定的機緣巧合，來的時候就覺得遙不可及，就在相遇的那一刻，留下是曾經讀過的濃醇意境，在那本厚厚的詩選，某一頁最令人回味的詩句。

再後來，我把詩人張默和蕭蕭主編的兩大鉅冊的《新詩三百首》從臺北帶回吉隆坡，這兩位我仰慕的詩人，張默已經輾轉見過兩次面，唯獨詩人蕭蕭，心中一直想找個機會和他相約，一睹詩人風采，但多年就一直在時空中不斷錯過。

由於工作關係，後來我從明道大學的師長口中得知他在該校走馬上任，官拜人文學院院長，在臺北和九歌出版社的陳素芳聚餐時，告之詩人常往返臺北、彰化兩地，編務和職場工作的穿梭，像在詩行前仆後繼的節奏感，忙碌而忘我。

時間終於走到了二〇一三年，透過陳素芳代為邀約，我總算和詩人見面了。後來我在臉書貼文，寫下心中的感懷：

> 說了很多年，期待有著這樣的一天，從詩中走到現實的人間和詩人會面，但就是沒有機緣，或者時間不對，我抵達的時候，他卻在另外一個國界忙著他的文學事業，帶些淡淡的惆悵回返居所的蘭花城。
>
> 這回約了陳素芳，在二二八和平公園附近的溫馨餐廳終於能和蕭蕭暨夫人餐敘，春色燈明，互贈詩集，又收集了更多當年在臺灣留下的回憶，尤其是這裡的新公園，館前路，建國補習班，一整排重慶南路書店，曾經是窮書生光顧的好地方。
>
> 贈送詩集時，我說：「說來汗顏，轉折了二十二年，才出版了薄薄的一本詩選，在創作上都無法做到持續。」
>
> 詩人體貼地說：「在非中文世界，這已難能可貴了。」

　　二○一五年，我的《李宗舜詩選ll》籌備付梓出版，心中屬意寫序人是詩人蕭蕭。當我忐忑不安的向詩人邀請時，沒想到詩人二話不說，毅然答應，我在這部詩選出版時陳述了心中的喜悅：

　　我的詩選面世了。要特別感謝詩人蕭蕭兄序中諸多勉勵和期許。他在序文中說道：

　　　或許就如李宗舜在《逆風的年華》後記中所說，這些「穿梭於時光隧道並和時間同步的遊藝之詩，是內心的觀照，也是外在生活情節的一路延伸，觸角從翻滾的紅塵捕捉靈感，再從時間的流逝中焦慮思考，最終成就了一首首從無到有的詩歌創作，引人遐想。」這樣的表白，見證的是他這一生的信念「有詩，可以安身立命。」但我更認為《李宗舜詩選Ⅱ》見證的是李宗舜一生對友人的俠客情義，他的詩作中多的是遙寄友人的作品，只要是這種「有人」的作品，總是情真意切，令人動容，這是當代華文現代詩所欠缺的溫熱之血，可以讓人有「安身立命」的感覺。兩冊《李宗舜詩選》，黃昏星與李宗舜同在，江湖開闊，劍客頻繁，如果黃昏星在詩社裡是二哥，江湖上李宗舜應該是大哥的風範，只是少見情人與太太的角色串場。

　　　《李宗舜詩選Ⅱ》，記人，記事，記史，記地，縱橫交錯著黃昏星與李宗舜的江湖風浪、情義雲天。

感謝詩人敏銳的觸覺，從詩評中對拙作的賞讀與諸多肯定，使得自己在創作不輟的當下，俱有了更多和深度的認知。

　　時間來到二○一六年九月下旬，我和詩人辛金順受邀參加由明道

大學文學院中文系主辦的「濁水溪詩歌節」，還未出發前一天就得知天氣預報，臺灣將有颱風過境，出發當天帶著忐忑的心情，但航空公司最後確定航班可以安全起飛。

我們抵達桃園國際機場，出了閘門天氣陰沉，濃霧籠罩，心中預感梅姬颱風天即將來臨。

夜宿臺北，等待翌日乘坐詩人劉正偉的轎車，聯袂趕赴彰化。劉正偉冒著颱風侵襲的風險，從基隆驅車趕到深坑，我們仨一路上南下彰化，沿著高速公路目睹此生前所未見的巨風席捲全島，肆虐破壞超乎想像，處處滿目瘡痍。

颱風天從深坑往高速公路行駛，沿途樹倒車翻，駭人的狂風威力無比，劉正偉憑其熟稔的駕駛技術，不懼狂風暴雨，兩個半小時終於平安抵達明道大學的賓館。

詩人蕭蕭和他中文系同仁的工作團隊，處變不驚，有條不紊的把來自馬新泰及汶萊受邀文友即時的安頓好。

我們在停電的夜晚跨過街道，前往彰化唯一尚有自供電源7-11店商取火共暖，並有網路可供使用。

全臺大停電的賓館樓下，積水成澤國，窗外一片蒼茫。原定翌日研討會的活動被迫取消，但相關的加插活動卻在災區嚴重破壞下，相繼在明道大學綜合辦公大樓舉行。如茶藝品茗文化的說明交流會，劉正偉畫作展覽等。主辦單位邀請名書法家，將與會的詩人作品揮舞在彩布上，揭杆飄揚在大樓廣場上，蔚然成一道災後的昂揚風景，奇觀而悲壯。

所幸梅姬颱風在第二天就遠離寶島，後續的活動依舊成行。從梅姬颱風的突發災情嚴重的破壞，詩人蕭蕭卻始終都關注災情進展和來賓的安危，陪伴著大夥一起完成這個特別的詩歌節，詩人的關愛和詩人赤子之情表露無遺。

　　尤其是第三天和第四天戶外活動，蕭蕭和同仁帶領我們參觀當地的歷史人文古蹟，埔里酒廠，雨中日月潭渡船之旅，讓我重溫許多過往經歷的事跡，重閱大好山水，寫下緬懷的濁水溪詩歌節親歷湖光山色的〈雨中日月潭〉，並把同行者的步履和身影寫入詩中：

雨中日月潭甚是詩意
一船笑意引來微風細雨
燕鷗停在大水中央
小舟的臉容貼向湖心波浪
日月相伴，潛入水底
有魚二十六種引吭高歌
詩歌節的鼓陣停泊在船上
敲響了玄元寺住持的方杖
那斜坡水紋階梯
那邵族採集的山藥，濃得化不開
潭水灌入了時光和色澤
飄香的茶葉蛋

我從萬水千山來到這裡
顛倒黑和白
顛覆山和水
顛沛在一艘客船，船長的眼神
望向遠方，遠方有霧，有雲瀑
撥動了心弦，水聲和雨聲
變大變得渾身忘我
當風聲漸行漸遠

水勢柔弱如碧樓之月
向著漸漸隱匿下山太陽
碼頭搖晃，抖落了昨夜不歸的星光

蕭蕭的風催促啟程的航道
文玲的笑容倒影在水中央
瑞隆緩步墊後等待攝影的鏡頭
北婆羅洲汶萊的樹影德安站在風景區
獅城的卡夫攝像集焦山頭的慈恩塔
懷鷹心中的雨在川流對岸
楊玲從曼谷飛過來和梅姬颱風相遇
范軍凝望長空，煙雨迷漫魚池鄉
正偉寫了一首詩掛在胸前朗讀
金順的雨衣裝滿鄉愁和吉隆坡天氣
我從山中來，宗舜湖波蕩漾

雨中日月潭，雨中的攝像
宛如消逝的大浪
環山湖心是一張溫床
疲憊的船靠岸，靠向樹林的山
雨中的日月潭

註：二〇一六年九月下旬，應邀參加臺灣濁水溪詩歌節的東南
亞詩人：汶萊的孫德安，新加坡的懷鷹、卡夫，馬來西亞的辛
金順、李宗舜，泰國的楊玲、范軍，臺灣的蕭蕭、劉正偉、羅
文玲、謝瑞隆等人同遊日月潭有感而作。颱風梅姬九月二十七

日開始肆虐過境全臺灣，罕見的破壞和殺傷力，部分地區斷水斷電，二十八日當天的詩歌節研討會被迫取消，其他行程照常進行。詩中第三節提到的人名，皆為此行同遊的詩人作家的名字，是為記。

行程匆匆四天三夜，住宿日月潭一夜之後，第二天早上晨光留下彩照，我們即將告別。告別梅姬颱風肆虐後的甦醒大地，文學生命的特別難忘記憶。尤其是臨結束前一天在臺中市舉辦詩歌朗誦節，參與詩人朗誦自己作品，擦出詮釋生命的火花。在蕭蕭幽默風趣主持下一一粉墨登場，當中辛金順以馬來語朗誦別有韻味，而詩人白靈以臺語自頌朗讀，更是令聽覺耳目一新，餘音繞樑令人動容。

蕭蕭的詩人風範在待人接物親和力以及朗頌時的忘我令人動容，我和詩人從此有了近距離，而詩不朽，正如詩人的語出驚人的詩句：

二十個世紀過去了
茹毛飲血的腥味淡了
粗獷的的歌聲遠了
腳步齊了
虎虎而過
——紅塵裡留下我

二○二二年四月一日馬來西亞

學者詩人蕭蕭對菲華現代詩的影響

王　勇

菲律賓華文作家協會副會長

　　臺灣知名學者詩人蕭蕭教授榮獲二〇二一年「吳三連文學獎」殊榮，其恆持半世紀的創作、理論與詩教不但影響兩岸文化教育界，更及海外華文詩壇，僅以菲華現代詩界以及我本身為例，就受益蕭蕭編著的詩學理論著作甚多，感佩之情不勝言表！菲華現代詩由來便承受臺灣現代詩人覃子豪、洛夫、羅門、鄭愁予等人的高度影響。我在一篇研究越南華文文學的論文中，意外地讀到大師級詩人洛夫一九七九年發表在香港《詩風》第八十三期的文章〈詩的語言和意象〉，他在一九七九年三月十八日參加香港的新詩座談會時也充分肯定了越華現代詩的成就：「在談香港的詩以前，我想先講一下我對海外詩人的看法。大概在十七、八年以前，海外詩最發達的是菲律賓，然後是越南、馬來西亞。」洛夫提到的時間段是一九六〇年左右，也就是菲華文壇的「自由詩社」詩人群的創作旺盛期。這還是我第一次從文獻而非「據說」中獲得當代重量級詩人，把一九六〇年代左右的菲華現代詩的發達成就列為東南亞之首。我投入現代詩創作學習已是菲律賓結束九年（1972-1981）軍事管制後的一九八一年，時值菲華文壇迎來文藝復興時期。在我的現代詩演練場上，除了深受菲華前輩詩人雲鶴、莊垂明、月曲了等人的指點與臺灣名詩洛夫、羅門詩風的薰陶，更狂讀名詩人張默、蕭蕭、陳甯貴等主編的臺灣現代詩選集與蕭蕭一

系列深入淺出的現代詩導讀、理論著作。

　　我想以蕭蕭現代詩學理論著作、蕭蕭訪菲講學傳播詩教、蕭蕭為菲華詩人詩集撰序與評論三方面，探討分享蕭蕭對菲華現代詩壇、詩人與現代詩創作的潛在影響！

　　蕭蕭的新詩賞析教學著作《現代詩入門》（1982）、《青少年詩話》（1989）等對我、菲華初學寫詩者乃至菲華資深詩人對詩技巧的掌握把控，都產生過深刻的觸動與啟發，各人自有各人的體會。我的感受是許多詩學理論出自不諳寫詩的理論家之手，讀來如墜雲裡霧裡，而蕭蕭本人即是寫詩能手，更是一位靈思通透的禪者，因此他的詩學著作情理交織、抽絲剖繭、引人入勝、啟悟心智。

　　蕭蕭自一九八七年至二〇一八年之間，是應邀訪菲講學次數最多的臺灣現代詩人，可見他人緣之好、風評之佳，受歡迎程度不言而喻！他的演講風格非常地接地氣，不但資深詩人受教，連中文水準不高的華校中學生都被他風趣的講演吸引。

　　一九八七年二月，菲律賓千島詩社聯合王國棟文藝基金會、辛墾文藝社、耕園文藝社等聯辦《菲華現代詩學研討會》，蕭蕭作為臺灣詩人訪問團成員，與洛夫、白萩、向明、張默、辛鬱、張香華、管管等人連袂訪菲，首場演講由洛夫、白萩、管管主講，第二場由向明、張香華與蕭蕭主講，聽眾踴躍，皆近三百人。這年也是我第一次與心儀的詩人蕭蕭晤面，他為我題詞贈言：「島有七千，詩心應有萬千，能如此則一島是一世界，千島就是宇宙。給王勇兄存念。」亦是我首見蕭蕭獨特的握筆書寫姿式，但見他凝氣貫力於掌臂，行筆如刀似劍。後來，蕭蕭又多次為我題詞贈言勉勵，有：一九九九年二月的「與白雲同心，何處有掛礙？」二〇一二年十月的「唯愛是王，行健必勇。」二〇一七年五月的「行王者之道，勇而能久。王勇兄多年見一次面，奮進如昔。」

一九八八年初，千島詩社邀請名詩人蕭蕭與羅青蒞菲講學。

二〇一二年十月，亞洲華文作家協會菲律賓分會在馬尼拉舉辦《第一屆亞洲青年文藝營》，邀請臺灣名詩人蕭蕭主講新詩、臺灣名作家吳君堯主講散文、大陸名評論家楊揚主講小說。

二〇一八年八月，應辛墾文藝社之邀蒞菲講學。

在一九八七年的訪菲之行，蕭蕭創作了〈美堅利堡〉，該詩由〈美〉、〈堅〉、〈利〉、〈堡〉四首小詩組成，形式獨具一格。他在一九九四年三月出版的臺灣《創世紀》詩雜誌點評了菲華資深詩人陳默的詩，指出菲華詩人長年旅居異地，脈管裡流的是漢人的血液，家裡承傳的是忠孝節義，眼睛看到的卻是另一族類另一模式，截然相異的風俗與習慣。——豈能無詩？詩，豈能不寫移民的血與淚？

二〇一七年，蕭蕭由新世紀美學出版社推出一本厚重的《亂中有序：詩人與詩人的第一類接觸》，書中收錄蕭蕭於二〇一六年春節為我閃小詩集的賜序〈二十一世紀後殖民語境下的菲華詩心——序王勇閃小詩系列4《刀劍笑》〉。序中他從一四五〇年代的中國史籍記載的菲律賓，引申探究菲華詩人在錯綜複雜的後殖民語境中的創作心態與生態，由此可見他對菲律賓歷史、華族生存史有過精心研究，用功至深。該書亦收入他為菲華資深詩人白凌撰寫的長序〈卑微與惶惑：白凌詩中海陸喻象的依違〉。蕭蕭關愛菲華詩壇、詩人之心尤熾，他還曾為菲華著名女詩人謝馨的詩集撰序，亦為月曲了、平凡、陳默等多位詩人詩作撰評。

文題〈學者詩人蕭蕭對菲華現代詩的影響〉，應該用一篇學術論文去論證學者蕭蕭、詩人蕭蕭、詩的佈道者蕭蕭、茶人蕭蕭、禪修者蕭蕭、行者蕭蕭等多面向來考察。我相信在菲華，有著許許多多讀過蕭蕭著作、聆聽過蕭蕭演講、與蕭蕭有過接觸交往者，他們的眼裡、心中，都會有一個不一樣的蕭蕭！一個詩與心靈都會發光的蕭蕭。

你是我古琴弦音追蹤不了的
霹靂電閃***
——讀蕭蕭茶詩集《雲華無盡藏》

李長青

臺灣詩人

　　蕭蕭本名帶著水，順流人間豐饒，雲泥互映，校園逡巡詩境，充沛的才情澆灌了文學的良田沃土；蕭蕭筆名銜著風聲，山川海澤，雲遊暢寄，兼有詩情與快意，馬鳴而知音。

　　蕭蕭其人其詩，向來泛著禪風，漾有禪意。猶記得早年讀詩人專欄文章結集之《詩話禪》（健行文化，2003），「詩與禪都有著藉由語言意象而又超越語言意象的神會境界」，便知詩人之筆無論理性感性，字句相融而情意相通，莫不以表現人生的領會為旌旗／驚奇。此外，詩人的禪詩選《月白風清》（釀出版，2015）亦可視為此詩禪脈絡的重要累積。

　　茶道與禪心互為表裡的《雲華無盡藏》，特別標誌了「蕭蕭茶詩集」，然此已有前例：詩人另一茶詩集《雲水依依》（釀出版，2012）。《雲水依依》共收五十一首茶詩，若將集中〈湛然月色二首〉視為兩作，則係五十二首；《雲水依依》以茶事為經、禪心為緯，通

---

* 本文題目引自《雲華無盡藏》〈烏龍，遠方的蒼茫〉之句。

** 本文原刊於《聯合報》，2021年2月20日，副刊。

冊貫／灌之以茶道，通徹瞳澈，「以一杯茶，品味人生，證悟生命」
的文字風格於是產出了「雲水無心而依依，人茶同體而娟娟」的人文
景觀，進而彰顯了茶／禪／詩互為機體的奧義。

　　《雲水依依》裡的〈逐漸轉涼的茶〉之一至之七共七首，以及採
用相同副標題「茶道的N種幸福」之一至之八的八首以各式心境為題
的詩，均可視為蕭蕭茶詩的系列連作。甚且，〈茶前茶後〉、〈茶水分
合〉、〈三杯茶之後〉、〈四杯茶之後〉等詩，亦可視為連作的側翼，他
們都是關於茶樹茶葉茶湯茶思茶想茶道茶禪的茶詩補註。

　　《雲華無盡藏》與《雲水依依》這兩冊蕭蕭茶詩集，皆以雲字為
開頭，可見詩人愛雲成痴，十足雲迷，證之「那樣飄然來去，正是我
的本性，正是我一輩子的嚮往。」的自述（見〈有形不累物，無跡去
隨風〉一文，收錄於《詩話禪》），更能感受蕭式禪風。

　　《雲華無盡藏》循《雲水依依》之茶禪脈絡，兩書均以「蕭蕭茶
詩集」作為副名，而《雲華無盡藏》裡的系列連作規模更鉅，層次益
豐，諸如：〈茶之靈〉七首、〈雲華無盡藏〉十首、「大紅袍系列」六
首等，都大手筆展現了蕭蕭作詩的系統思維與宏觀視角；可視為上述
系列連作之側翼，則可見於〈行者二態〉、〈智者一得〉、〈安化千兩
茶〉、〈安化天尖茶〉、〈東方美人〉三首、「不用問」二首、鐵「觀
音」二首、〈漳州水仙〉二首、相同副標題「《西遊記》與茶道」之一
至之三的三首等作。蕭蕭的茶詩，同時有著散文的行雲流水與任真自
得，也兼備了評論體例的範式與規格，因而每每啟人至深。

　　「蕭蕭茶詩集」不但說明了題材屬性，業已成為蕭蕭的一支詩品
牌。綜觀《雲華無盡藏》七十九首詩，扣除〈脆，不是社頭芭樂最好
聽的笑聲〉與茶無關，可實得茶詩七十八首，可謂大幅度展演了蕭蕭
中文系所出身，出古典入現時，「隨時交換身分／近在葉尖／或者遠
在天邊」（引自〈桐木關：紅茶的故事〉）的率真情性與筆下風景。

茶一樣的蕭蕭
──試析〈四念處有茶〉

林秀蓉

臺灣詩人

橫跨詩學、散文、評論文學生涯，長達五十多年的蕭蕭老師，不但是當代新詩美學的建構者，更是榮膺第四十二屆吳三連獎文學獎最實至名歸的得主。熱愛創作，更用心推廣讀詩、寫詩與評詩，他駕馭月光引領無數學生進入繆斯的世界。

閱讀是種強大的力量，我總在老師無數創作天地裡遨遊，親炙他內蘊的哲思、徜徉他凝鍊意象詩作的幻化。蕭蕭老師猶如水一般周遍八方，對於新詩的關注與投入，及其對於後進愛詩人的提攜，值得讓人尊敬。

面對人生思維，詩語言真是美妙又有力的音符。初次輕啜蕭蕭老師具體而微的茶與詩之樂章，是二〇一二年底出版的《雲水依依──蕭蕭茶詩集》。茶詩傳世，這是屬華人世界的第一本茶詩集，闡釋其思想脈絡，潛心思考茶的生命與人的生命可能的交集，筆者曾於二〇一五《現代華文詩刊》發表我對此茶詩集當中〈惱〉這一首詩給了我的感動。「雲水無心而依依，人茶同體而娟娟」，蕭蕭老師以這冊詩集見證茶禪一味，詩禪同境之美。品讀閱畢詩集，見證所言不假。

飲下茶詩喫出茶趣，吃飽、寫作也好，睡足、喝茶也罷，蕭蕭老師身兼詩人與詩評論者，在帶領讀者尋找詩境之美的同時，更將人生

的理想境界留在詩與茶的字裡行間。而我那一葉茶的心事，彷彿能從老師第二部茶詩集《雲華無盡藏》中，由雲霧裡的光華發酵出千變萬化種蜜香！摘錄茶詩集內容，細分為四缽，細品《雲華無盡藏》詩作形式的美學涵義，如同在一盞茶裡能時刻覺醒，拿起時短暫、放下時漫長。茶成為演義詩境的媒介，喻意著清雅高尚的多元題材同時，每首茶詩交互鋪敘，圓熟中迭創新意，揣摩作者心境，四砵中各有丘壑。於是筆者不揣謭陋，嘗試探索詩集中〈四念處有茶〉的意涵，致茲於後以就教方家！

　　佛經記載，在釋迦牟尼佛即將入涅槃之時，阿難強忍住悲痛，請佛開示最後遺教。釋迦牟尼佛咐囑阿難依四念處行道，以智慧觀照，身、受、心、法的四種觀想。由此可知，四念處是佛陀教法中基本且重要修行之法。詩人蕭蕭將茶與修行交集在同一首詩之中，〈四念處有茶〉呈現茶與佛理交涉之後的文學面貌，以及由此所傳達的精神修養意象層次。

一　觀身不淨

　　身念處：正念安住在身體上，覺知當下的身體狀態或本質。觀身不淨，眾生生而不淨，藉由鼻端一抹清香，邀請乾坤一同坐下。

> 這茶葉有陽光燒炙的焦痕
> 洞穿了四個月的軟筋
> 蟲子喜悅的唾液，微微在酸
> 微微，友達以上
> 未及戀人的愁緒正漫延
> 漫延的速度稍稍勝過

　　霜與月光／那侵蝕的色澤有些瘀黃

　　不甚貫徹始終，不甚甘願

　　抵達葉脈情緒賁張的臨界點

　　我的骨節痠痛剛好來到

　　彎不下去的六十七歲

　　天遠地闊，一叢一味，百叢百味。詩中所述正是臺灣獨有的茗茶——東方美人茶（或稱白毫烏龍、膨風茶）。茶樹的茶子從萌發到茶苗出土，這一時期約需經歷四個月。茶苗不斷地從向陽日照中吸收營養元素和自然能量，逐漸生長成一株根深葉茂的茶樹。茶葉幾經小綠葉蟬叮咬，製成茶菁，帶有特殊的花果蜜香。小綠葉蟲的若蟲、成蟲在幼嫩芽葉吸收養液，使茶芽發育受阻，葉面呈黃綠色，嚴重時茶芽甚至會捲縮脫落。故茶葉是詩人寄託生活、洞察自性的喻體。他向內自觀，感物吟志，豁然揀擇白瓷茶甌裡相遇的琥珀色。詩人以無常為常，大無畏的次第開展，面對燒炙的焦痕、洞穿的軟筋、著蜁的愁緒、侵蝕的瘀黃及彎不下去的六十七歲痠痛骨節，反而力圖採摘被蟲咬過之後，只為探詢那一心一葉的芬芳！

二　觀受是苦

　　受念處：正念安住在感受上，覺知當下的感受是苦、樂、不苦不樂。觀受是苦，人生苦樂交錯，對己需要少欲知足，對外慈悲願心增長。

　　離開樹枝那一剎時就有些畏寒

　　三百年、三十年的古老樹欉無所覺

靜置，萎凋的日子

反而是翻開回憶頁最好的時機

時來都在等待一個字：候

一候，會是多少個日昇多少個月落

一侯，那門就深似海無處可遁走

繼之以火，烘之焙之

至少還有手指隨著翻炒

終之以水，滾之燙之

哪能稱為山泉

塔羅牌的權杖離我們很遠

地上的荊棘不撤，千里萬里伸延

　　早採者為茶，晚採者為茗。茶茗，味甘、苦，微寒。唐朝陸羽《茶經》言：「茶之為用，味至寒，為飲，最宜精行儉德之人。」茶葉的特性寂靜、知足、清安。嘉義阿里山茶區為臺灣茶葉重要產地，茶葉品種以青心烏龍主，高山氣候冷涼，早晚氤氳雲霧籠罩，因此日照短，芽葉苦澀成分降低，進而提高甘味。此地茶葉多以山泉水灌溉，具醇美濃厚的高山冷冽茶味而舉世聞名。

　　三百年前冷冽的山風未息，詩人翻開世襲的一頁回憶。縱然有些畏寒，古老樹叢款款自心田阡陌中站起，暗喻作者不凝滯於物，寧以靜置萎凋的日子，換取沉思的空間。透悟一字「候」，永劫不過剎那。烘之焙之、滾之燙之，觀受是苦。意馳八荒的日昇月落，等待掌握在製茶師的指間。抵抗時間的荊棘，凝望遠方塔羅牌權杖上的枝芽，喚醒隱隱可見燎原的希望火花。毫末天地相互慰藉，詩是千里萬里延伸的荒漠甘泉，懷人涅槃在茶的理想國度裡。

三　觀心無常

　　心念處：正念安住在心念上，覺知當下的心念是否有貪、瞋、癡、散亂狀態。觀心無常，剎那起念川流不息，無常的心是浮光掠影的妄想，永恆的清淨心是慈悲，是明心見性智慧心。

> 茶室裡聽著山泉滾沸的聲音
> 計數著一沸、二沸、三沸的差異
> 眼睛緊盯著一水、二水、三水
> 出水的茶色為何琥珀又怎樣棗紅
> 黃茶黃葉的老嫩區隔了黃大茶、黃小茶
> 別茶人怎能不別一別
> 西湖龍井、信陽毛尖、碧螺春、太平猴魁
> 在舌尖、在胃的彈跳拿什麼形容
> 白茶白色茸毛哪一家完整保留
> 貢眉壽眉都可以媲美彭祖的白眉？
> 文山包種、安溪鐵觀音、凍頂烏龍
> 又是那一種那一條小烏龍最青
> 還要舌尖舌根分別辨識茶性的溫厚
> 雲之南，湖之南的黑茶
> 從印到英一路紅到底的 Black tea
> 在茶品的經典上誰去排列
> 茶室裡茶人聽著自己心念滾沸的聲音

　　人浮於世，需安忍於心。隱遁的茶室彷如綠洲，烹煮泉水，火在風爐上歌唱。「茶室裡茶人聽著自己心念滾沸的聲音」，擇水、候湯、

點茶，茶人傾身，自煎自鬥，自結因緣。耳聽一沸、二沸、三沸，眼觀一水、二水、三水，乃至遣用舌尖至舌根，識茶辨水得其茶韻。「花浮魚眼沸，誰人知此味」我想歌詩合為事而作，從茶色、茶味、茶香解悶忘憂，回歸心味之無味的出世間法，應緣是別茶人的會心之處！

四　觀法無我

法念處：正念安住在諸法上，覺知五可調伏五蓋、培育七覺支、證知四聖諦。觀法無我，放下自我幻覺積極修行。

> 茶，指的是飄在鼻端的香
> 還是那苦——留在嘴裡的甘
> 人間的厚？
> 抑或是短短四秒停在舌尖的我
> 存藏在心底的你？
>
> 茶，指的是兩葉環擁的那一瓣心
> 或者是
> 葉脈上滴溜轉的露珠
> 每天曝你七小時的億萬年日光
> 億萬年岩石、碎屑，厚實的土
> 剛剛，剛剛又拂了你
> 環擁地球的風
> 茶，指的是這些和合形成的微量的能？
>
> 仗著多少的因，托著多少的緣

我喝了這杯熱茶
熱茶帶著我
從地球的毛細孔回到了　空

　　綠色茶塵飛揚，以法雨潤之，從內心到百骸的大自在。選器、配水、看火，品茶的序、色香及味趣。超然物外的是，我與無我，別與無別。草庵露地，忘了含著露珠的茶芽是春雷的第一響，而茶具是茶席上手掌中婉轉青釉杯，掀開盞內一朵覺醒的花，「空」將最不容易的放下，還有什麼不能放下。

　　〈四念處有茶〉詩的總題由四個章節層次形成龐複的組曲。蕭蕭以佛法四念處烘托題旨，連結詩說明自己對人生體悟。自古至今，茶是生活禪，文人雅士與學僧禪者總愛以茶入詩，並以佛法脈貫其中，相互交映來深化詩作意境。蕭蕭老師依四念處嚴心安住，是思維觀行之法，也是行為調伏之法。詩中情境，主景外景所採制的機鋒是捨棄俗世種種妄念與我執。他以一杯茶，含藏天地，暗喻人生。全覽虛實相濟的詩行，是詩人風骨與心境轉折，如此富有禪趣與自在自如。陽光潑灑心間，我與一杯茶同在路上。猜想水究竟沸騰了誰？不用問！茶一樣的蕭蕭，茶一樣的溫潤，雲華一樣的無盡藏。

蕭蕭心，子弟情

王宗仁
臺灣詩人

　　從社頭到員林，搭火車區間車只要七分鐘；但經過多年相處，再藉由數不勝數、難以文筆書盡的環顧和節奏，我與蕭蕭老師的師生情誼，比這距離還要縮結的更親、更近，遠比這時間還要緣延的更長、更曠；社頭人跟員林人，原來可以如此符合彼此的心跳，並在師生關係及一次次對於彼此的素描、關懷建構中，得到共同的飽滿，且融合了家庭記憶。

　　第一次見到蕭蕭老師，我還很清晰記得，是在二〇〇〇年七月於臺中上智社教研究院所召開的「臺灣現代詩人協會」成立大會上；那時我還只是個剛接觸新詩的毛頭小子，除了啟蒙老師岩上外，跟詩壇沒有任何接觸，詩也沒寫過幾首，只是跟著其他年輕詩友一起去參加大會，而竟在會上見到一個又一個「傳說中」的詩人，尤其是蕭蕭老師，讓我們一群人輕聲驚呼著：「原來這就是蕭蕭喔！」印象中老師跟現在完全沒有變，就是一派溫文儒雅的模樣，在會中發言時語氣和婉而有條理。會後我特地去找老師聊天，老師很大方說可以送給我他的詩作，於是我在次月，寄給老師幾本他想蒐藏的林亨泰相關論文，也在信中向老師索要了他幾本當時市面上已買不到的作品；由於怕老師記不起我是誰，還特地形容了自己當天與他聊天的內容，以及「我就是那個員林人！」，當然之後也順利收到老師的簽名書，心中很是

興奮──這就是初遇老師的過程了，當時完全沒有想到，之後還能夠跟他有更深、更長遠的緣分。

　　儘管此前已閱讀過許多老師細訴故里的文章、書籍，但二〇〇二年一月收到老師寄來他的第七十七本（當時我曾一本一本去數過）著作《父王‧扁擔‧來時路》，心中仍無比雀躍，除了感覺到老師對後輩的關懷（老師主動送簽名書，給對於寫作還那麼青澀的我）之外，更重要的是深刻體會到老師對家鄉彰化社頭的依戀、驕傲與付出，雖說書中主要走筆於父親，但其實那樣憨厚、誠樸的形容「寬厚的胸膛發亮的背」，其實也純正地刻畫出彰化農村的農民典型，讓同是彰化人的我讀來倍感親切。西瓜棋、虎豹獅象棋，扁擔和鋤頭，番薯籤飯與蘿蔔乾，王鹿仔、布袋戲、陀螺，無形中都成了蕭蕭「想念爸爸，想念家鄉、想念童年的憑藉」，〈朝興村〉更是清晰印記臺灣農村的風貌經驗；藉由書寫父親，蕭蕭以文字掌握鄉村的柔壤，踏實、鮮明的肯認臺灣農村風貌，讓我更確認他擅於以獨特方式描繪樸質的土地情感，以及願意誠懇地花上許多時間，具象、抽象記錄家鄉引人深思的人性、土性，來做為自己心靈成長及意象創造的養分。仔細看完整本書後，我回信給老師：「不是只有臺北才有歷史、人文，不是臺北才有值得人們懷舊的地方，彰化被疏忽太久了；但是在您有畫面、有聲音、有鹹味的真實記敘，以及賜付更多有史詩企圖的生命力後，這樣的情形應該會漸漸改變的。『沒有去過社頭清水岩的請舉手！』此時我可以驕傲地左手叉腰，右手拿著您的書，告訴那些一臉迷惘的人：『我帶你去！』」，這是老師所啟揚予我的驕傲，對於自身家園的驕傲；又比如我在二〇〇一年三月十五日《臺灣日報》的兩篇剪報：「蕭蕭《散文詩》〈小太陽──記臺灣史詩之祖賴和〉、〈大風景──記臺灣詩哲林亨泰〉」，這是彰化人血液裡發散的信仰和特殊語彙。在剛起步寫詩的時機點，我心中就已埋下書寫彰化、臺灣地誌詩作的種

子，並初見以散文詩致敬彰化前輩詩人的作品樣貌，形理成我日後出版兩本散文詩集的雛形。

二〇〇三年初老師告訴我，他將於九歌出版社出版一本關於彰化社頭，寫土地、家鄉、親人、友朋情懷的散文集《放一座山在心中》，並叮囑我為這本書寫一篇序文，當時我心中是惶恐遠多於欣喜，而且馬上推辭的——我在寫作上可以說還沒有任何成績啊！怎敢為當時創作已四十載、成名多年的老師寫序？老師告訴我，就放心去寫，藉用稻草人、麻雀、牛隻和童年一起旅行的風景去寫就好，因為你也是彰化人。「是啊！我也是彰化人」，老師再一次賦予了我，對於自己所腳踏這片壞土的跡痕與責任，於是我彷彿跟老師共同踏上一個沒有預算、規劃的行旅，卻沒有絲毫不安，因為與其說是「為老師寫序文」，更像是一種約定，走著走著，就可以自然積累出有味覺、視覺、聽覺的約定，更因為我們共同享有可以辨識的印記。為了可以更無所耗損的語狀這篇文章，我特地邀請父母親同往社頭一遊，他們也欣然應允，一是因為他們本來就常一起到清水岩步道爬山，二是因為兒子竟然要為「課本中的蕭蕭」寫文章！我先請教了老師的老家地址，並規劃好路線，就和父母一同驅車前往；鄉下的地址只能參考用，當我們向路人問了又問，確認已經到達老師在社石路老家的三合院時，我開始忙著拍照，而隔壁老婦人問明我們的來意後，便讚許的說道：「水順仔自小漢就真乖，真用功，真會讀冊啦！」、「水順仔還有捐錢給朝興小學，為囝仔蓋好耍、安全的遊樂設備喔！」我們再愜意地走入朝興小學散步時，更有主動趨前問候的年輕老師，津津樂道的提及父執輩對蕭蕭的記憶，以及他自己對蕭蕭的認識、蕭蕭書中對社頭點滴的著墨。由此可見，老師善良、誠懇而且懂得感恩的人格特質，早已深植在鄉民的心中，由他來執筆這樣一本專門介紹社頭的書籍，是最恰當不過的了。走完當天的行程，除了體認八卦山溫婉的爬

伏，親近漫山遍野的相思樹，充分撫觸鄉間悠閒的造句外，不只是我，連父母親都對老師有了更一層的認識，且為我能寫一篇老師邀約的文章而自豪。從此，除了岩上老師外，父母親也記下了我另一位寫作上的老師，且隨著我在創作的路上匍匐前進，「蕭蕭」這二字也一再地出現在我們家庭的生活詞語中，連弟妹都數次聽父母親仔細敘說當天到社頭的感懷與見聞。

　　第一次成為老師「真正的學生」，是在二〇〇四年就讀在職中文研究所期間，為了補修研究所規定的大學中文學分（大學時我就讀政治系），於是到當時已至明道大學執教的老師所開設的國文課修習；課程我倒是沒怎麼去上，但老師給我的作業特別多，印象最深刻的兩次，一是到圖書館蒐集閱讀四十位作家的四十篇散文，二是蒐集閱讀一九四九年以後，臺灣文學分類（戰鬥文學、鄉土文學、眷村文學、老兵文學、現代主義文學、後現代主義文學……等十五種）裡的詩、散文、小說等三十一篇，並書寫心得，讓我得以在文學上有更多豐富的滋養。第二次又成為老師的學生，則是二〇〇五年邀請他擔任我的校外外聘論文指導教授；當時老師要我思考，在翁鬧、楊守愚、王白淵、曹開等已過世作家中，選出一位來研究；在蒐集資料、討論數次過後，他協助我選定「曹開」為論文研究對象。老師指導我的方式，就跟他的人格特質一樣，溫文儒雅中又不失堅定，雖然沒有時時催促我進度，但在關鍵的時刻會提醒我可能有遺失的主題，不要從表面去判斷內容的肥沃或貧瘠，不要排除所有意義上的可能。經過無數夜晚的艱苦奮戰，以及老師為我鋪長更多應該撲動的註腳後，二〇〇七年終於順利完成論文，可說是老師帶我領略、穿越了許多有節理的人生際會。

　　二〇〇七年我的論文《白色煉獄──曹開新詩研究》出版；在「彰化研究學術研討會──啟動彰化學」研討會上，老師與我合作發

表了〈曹開：挺直臺灣的新詩脊梁——曹開數學詩的哲學思考與史學批判〉；我編選出版《給小數點臺灣——曹開數學詩集》，老師也特地作序，幫我助筆推薦。也是同年，我受到當時的「行政院文建會」邀請，編選、導讀：《悲·怨·火燒島——白色恐怖受難者曹開獄中詩集》；二〇〇七年一口氣完成曹開三書，這一連串關於曹開的風雲巧合，全然不是平鋪直敘，而是像在稿紙裡一格格將文字與夢降落一樣，在老師悉心引導之下，慢慢填滿我想要抵達的位置。「曹開也是員林人啊！」我想不出還有任何更好的理由，來解釋老師為何如此費時費心，替我規劃、描摹種種文學上的健壯線條。

二〇〇八年後，雖然不像之前寫論文般跟老師密切來往，但只要有老師的演講、各式詩歌活動，我幾乎都會到場聆聽參與，每年總要見面個幾次，並在活動後與老師聊天、聚餐，也常去明道大學拜訪老師，聽課或參觀他的研究室與藏書，偶爾也接送老師到演講場地（老師不願麻煩我，常推辭我提議的接送）。他在《感性蕭蕭》自序裡曾說：「願以『人』為中心點去探討人與土地的關係，人與自然的和諧與對立……因而了解人性的生命的真正本質所在」，所以我對於「人性的生命的真正本質所在」這句話印象深刻，又因為他曾出版過《禪與心的對話》、《詩話禪》、《月白風清——蕭蕭禪詩集》等書，因此有一段期間常與老師討論詩裡的禪性；我曾當面請益老師關於寫作〈風唸經〉的概念，他告訴我：「在藏人生活的地方，佛寺或家舍旁總會看見一根根經旛，顏色鮮麗的隨風飄拂，在藍天綠地間形成莊嚴的景觀，那就是『風唸經』——就是一種天籟，就是大自然的誦經聲。風，在為我們唸經。」原來連風都在唸經，原來連風都會唸經！於是我開始懵懂瞭解老師對於「佛性無所不在」、「對人生透徹的覺醒」的概念。我認為老師的名字像風聲蕭蕭，在人世的現實與非現實間讀經，以一首首穿梭在人生鏡影般的詩作，因而增添一瞬、一生的想

像，也以一篇篇扉頁豐厚卻能完整飄揚意旨的文章，因而可以在讀者眼裡心裡出出入入；誠如明道大學羅文玲教授所述：「品讀《月白風清──蕭蕭禪詩集》，每一篇作品都傳遞出一種寧靜身心安頓的自在，是一種歲月靜好的沉澱，經過歲月釀出的純淨美好。」是的，我們都可以在蕭蕭造景中身心安頓。

截至二〇二一年底，老師已有新詩、詩選集二十二本，散文三十二本，評論集二十八本，加上其他編選文本等，共出版有一百五十餘冊書籍，可說是真真正正的「著作等身」；但近幾年除了既定的寫作計畫外，他還屢次當面告訴我，想要純粹的做個投稿者，寫文章投稿文學獎；二〇一七年七月從明道大學退休，現今七十五歲的他，身懷一本本有重量的著作，也在次序列隊、自動複寫校對的哲學脈絡裡閒雅從容，又同時筆耕不輟，以文字擦動文壇的聲響，除了於二〇二一年獲頒第四十二屆吳三連獎，更在同年投稿文學獎比賽，以散文〈就像岩石，我們浮現我們的筋脈〉獲得第二十屆大武山文學獎黃金組評審獎──「堅持土地之愛」，可說是他一生對文學的態度與代名詞。最近一次與老師聚會，是二〇二二年二月底開車載著他到員林演藝廳，領取「員林五百個《堅持》的故事」獎項；身為受獎人的老師，得獎的〈文學之愛──努力不懈寫作、出書的蕭蕭〉一文，正是我感念老師對生平所寄「文學」的堅毅與勤懇，所為他而寫。

詩轔轔，風蕭蕭，我是緊跟著教誨的學人，與老師之間的約定，颯颯書帶般繫念在腰。

雲水依依聽風濤

余境熹

香港評論家

　　蕭蕭是我從書頁上認識的第一位臺灣詩人。那時我才中學一年級，由於學校有「閱讀獎勵計畫」，我在目力衰退之前，常常勤奮地逛圖書館，終於有次翻到了張默和蕭蕭合編的《新詩三百首》。

　　談到圖書館，蕭蕭唸中學時好像是把校園圖書館的文學書都讀遍了。此後他跟人聊起閱讀長篇小說的充實感，常常教我羨慕。有次在香港與漫漁、紅紅、秀實飯聚，聊詩我勉強能回應幾句，一轉到小說，十目一行的我只能「啊唷！哈哈！嗬嗬！嗬，嗬嗬嗬嗬！」

　　按道理說，張默的名字排在蕭蕭跟前，張默才是我認知的首位臺灣詩家，可是當時不知怎的，硬是沒記住「詩壇火車頭」默公的筆名，而風聲般的「蕭蕭」則未有飄遠，還拂醒了我腦中負責儲藏資料的細胞。

　　二〇一〇年我在大陸遊山玩水，蕭蕭忽然邀我參加「張默八十壽慶學術研討會」。其實我對詩掌握不廣，了解不深，並沒有發表評析的萬全信心。引我較熟知的李商隱為奧援，最初我交出的稿題大概是〈永憶江湖歸白髮：張默新詩主題研究〉。不過想想蕭蕭應是讀了我的兩篇「誤讀」論文而邀我的，於是我終歸是寫了〈張默的《創世紀》（Genesis）〉，拿《聖經》和默公的傑作比讀。

　　記住蕭蕭的名字是重要的。說實話，因為視力急速衰退，《新詩

三百首》在借還之間，我只象徵式地略讀了〈再別康橋〉一遍，沒有靠賴它一窺臺灣詩界，連蕭蕭錄入其中的佳構我也未嘗一觀。可是時序翻到二〇〇八年，十月我到中興大學發表論文，同場的前輩專家即有蕭蕭。面對整頁陌生的與會者名字，我唯獨盯著「蕭蕭」看，好熟悉呢，是《新詩三百首》的編者嘛？

在香港的田園書屋不時能找到有點歲月的好書，二〇一九年前後，我就在那兒再買到舊版的《新詩三百首》，為最初的詩緣找回實物憑依。在田園書屋我還購得蕭蕭的《雲端之美　人間之真》和《緣無緣》等書，並因之寫了一輯〈應帝王：蕭蕭《緣無緣》中的南朝天子〉。

沒錯，我的視力很牙白，記憶力倒尚可。然而當時我還不太敢肯定，會不會是使用同一筆名的人呢？因為那場學術會議與詩無關，全稱是「金庸作品中的場景與常見主題國際研討會」，而蕭蕭跟我一樣分析《連城訣》……

蕭蕭之為蕭蕭，因為論《連城訣》，他都能出入新詩的廣袤世界，引商禽的〈長頸鹿〉來說狄雲、丁典。在一場關於商禽的研討會上，我拿先秦儒家典籍「誤讀」歪公，有學者朋友正經八百地跟我交換對《易》、《禮》、《詩》、《書》的看法，洞若觀火的蕭蕭則知我純粹在 KUSO。知音難尋啊。

在會場午膳時，我適好坐在蕭蕭對面，彼此距離不大，要是放到所謂疫情肆虐的今天，我們中間可是要放塊屏障的。由於我的普通話能力驚為天人，我也不曉得蕭蕭是否明白我當時勇敢地張口跟他說了甚麼。他送我一些明道大學的紀念品，蠡澤湖畔的美麗校園，後來我也有機會住宿。

首次到明道大學，是參加「周夢蝶與二十世紀華文文學兩岸三地學術研討會」。二〇〇九年，我剛在臺北發表完北村小說研析，即悠

然向南。因為受到邀請，遂硬著頭皮，寫下平生第一篇新詩論文。算而今，十數個年頭，原來一切都是從明道大學開始的。

而蕭蕭也來香港住過，他是香港大學二〇一一年的駐校作家。約莫同期，大陸和香港都辦了蕭蕭的學術研討會，前者出版了《簡約書寫與空白美學》，後者則有我忝任主編的《島嶼因風而無邊界：黃河浪、蕭蕭研究專輯》。香港的會場上，學生爭相找蕭蕭簽名，旁觀之際，我才發現一筆一筆下來，書頁上的「蕭蕭」二字原來筆劃如此之繁，恰似漫漫來時路。

記得和蕭蕭有三次同在香港乘坐 TAXI，前兩次皆半途塞車，唯有安車當步。第一次，我用石破天驚的普通話東拉西扯，侃了些沿途地標的歷史。第二次，則聊起我本是研究宗教的，還很宿命論地說：「似乎您每次跟我坐車都有阻延呢。」征車遙遙行復止，征馬蕭蕭鳴不已。元朝人的詩。

二〇一七年，蕭蕭再在香港的書展演講。演講結束，我和他到銅鑼灣吃德國菜，餐廳眾聲喧嘩，八部合音，鬧熱非常。甜點之一是「火燄雪山」，冰凍的蛋糕面可以點火，竟也算暗合周夢蝶的「雪中取火，且鑄火為雪」。

取火之外，二〇一五年的蕭蕭還跟我分享過「跑水節」，令無法現身只能交稿的我對王白淵研討會神往不已。揉合水火木土，蕭蕭把《物質新詩學》付梓。我認為他也是「木」質的詩人，「木」質的詩評家。不知諸公贊同否？

除了主編周夢蝶的研究論文集外，蕭蕭亦寫了《我夢周公　周公夢蝶》，還出刊了其餘二百本書左右，汗牛充棟，讓詩國植滿稻香路。他無法馴養的詩心持續發旺，綿延蔽空，是有用之樹，卻讓愛詩人「彷徨乎無為其側，逍遙乎寢臥其下」，同做著莊周與蝴蝶之夢。

昔者莊周夢為胡蝶，栩栩然胡蝶也，自喻適志與！不知周也。俄

然覺，則蘧蘧然周也。不知周之夢為胡蝶與，胡蝶之夢為周與？周與
胡蝶，則必有分矣。此之謂物化。

　　忘記了說，那回蕭蕭來港演講，乃是為《新詩三百首》的「百年
新編」版宣傳。歲月並不渾沌，倏忽之間，它便翻頁無聲。恭送蕭蕭
回飯店之後，步月而歸，明明很熱，我卻想起《雙照樓詩詞稿》所
寫：「蕭蕭微風起青萍，千波化作蒼龍鱗。」詩的倒數第二句應謂：
「須臾水月已交融」。如今想來，還是該唸董思恭的〈詠風〉：

　　　　蕭蕭度閶闔，習習下庭闈。
　　　　花蝶自飄舞，蘭蕙生光輝。
　　　　相烏正舉翼，退鷁已驚飛。
　　　　方從列子御，更逐浮雲歸。

二

學界教授群的傳神存真

文化凝聚人心，詩歌聯通世界
——蕭蕭與閩南詩歌節

黃金明

福建漳州閩南師範大學文學院院長

在新的世紀，如何以文化、文學、詩歌緊密連結空間上的漳州與臺灣，連結時間上的古典與現代，在臺灣著名詩人蕭蕭看來，是兩岸文化人責無旁貸的使命。

二〇一二年，明道大學人文學院院長蕭蕭老師受邀來到漳州師範學院（二〇一三年更名為閩南師範大學）講學。在座談中，他提議以詩歌為媒，積極開展推動兩岸文學活動，推進兩岸文化、教育交流。蕭蕭院長帶領他的團隊設計大學生寫作研習營，並策劃由漳州師範學院和明道大學聯合舉辦漳州詩歌節。在蕭蕭院長精心組織下，近四十名海峽兩岸詩人、詩評家、人文學者聚集漳州，在高校、中小學、企業開展詩歌創作、詩歌朗誦、詩歌研討、詩歌演講、新詩作巡迴展等系列活動，由此拉開了海峽兩岸高校聯辦詩歌節、共同開展詩歌教育的帷幕。二〇一四年始，以詩為媒，一年一屆的「閩南詩歌節」從未間斷，先後以「詩、茶與閩南文化」、「詩與書畫」、「詩與琴」、「詩與戲劇」、「詩與藝文教育」、「詩與中國」等為主題開展各類活動。閩南詩歌節不僅搭建了兩岸詩人、學者和藝術家學術研討及文學藝術創作交流的舞臺，還促進了閩臺高校間的合作，拓展了兩岸詩文教育的交流，延伸出兩岸文化產業間的合作，形成了文化融合發展的新局面。

一　詩和遠方：兩岸教育的攜手

　　閩南詩歌節是詩人作家間的聚會，二○一二年以來，鄭愁予、蕭蕭、林煥彰、施善繼、藍博洲、陳憲仁、吳德亮、石德華、李翠瑛、李癸雲、白靈、夏婉雲、葉莎、紫鵑、方群等一批臺灣詩人作家，和楊少衡、梁小斌、安琪、計文君、王小妮、歐陽江河、陳子銘等大陸詩人作家、大學生一起采風，體會著一家人的親情，興發起創作的熱望，期間蕭蕭老師在南靖雲水謠創作了〈南靖雲水謠〉、〈隨阿利老師雲水謠品茶〉、〈金駿眉〉、〈老榕與老牛──雲水謠所見〉等詩歌，鄉土鄉情色彩濃郁，體現了詩人的故土之思。

　　隨著閩南詩歌節的舉辦，海峽兩岸高校的合作交流隨之展開。二○一四年十二月，蕭蕭院長與閩南師範大學文學院黃金明院長共同提議並舉辦閩粵臺部分高校文學院院長（中文系主任）、傳統文化研究院（所）長協作會議，會議決定廈門大學中文系、福建師範大學文學院、閩南師範大學文學院、韓山師範學院文學院、嘉庚學院文學與新聞傳播學院、華僑大學文學院、泉州師院文學院、臺南大學人文與社會學院、明道大學人文學院、嘉南藥理大學儒學研究所、龍人古琴研究院等單位成立協作體，定期圍繞中華傳統文化與人才培養等議題展開深入的會談，推進大陸與臺灣高校間的文化教育合作，籌辦創作研習營等活動為兩岸師生提供學習交流的平臺。

　　閩南詩歌節的活動拓展到教育的各個領域，福建省作家協會與閩南師範大學文學院共同成立了「大學生文學創作基地」，推動「文學進校園」活動，發掘和培養如蔣德烽、劉文西等一批年輕的詩人作家。閩南詩歌節也打開了兩岸基礎教育的交流，詩人們不僅走進了漳州一中、閩南師大實驗小學、龍溪師範實驗小學、廈門同安中學等中小學進行詩歌演講，還培訓大陸語文骨幹教師，把臺灣現代詩歌教學

的經驗傳播到大陸。

臺灣詩人葉莎說：「提到教育，總讓人聯想到是各種知識、技能和傳授社會生活經驗的地方，但是閩南師大更多了一份濃厚的詩意氛圍，那一晚透過詩座談和學生求知若渴的眼睛，透過互動分享，我深信詩已經播下種子，也必將發芽茁壯。」

二　詩情茶韻：兩岸茶人的互助

漳州是茶文化盛行的地方，有著豐富的茶文化資源，當茶的哲思皺褶和詩的美學盛宴融合在一起，就會醞釀出長久的芬芳。

在蕭蕭院長帶領下，閩南詩歌節不僅創作出大量的茶詩作品，兩岸茶人攜手互助，在茶文化的推廣上取得了豐碩的成果。來自臺灣明道大學、慈濟人文茶道與閩南師範大學、漳州科技學院、武夷學院等高校的文化名人在茶文化的建構、茶文化與人才培養等方面作了探討，把臺灣茶文化推廣的經驗、臺灣明道大學茶道教育的探討與大陸對接了起來。

二〇一八年三月，茶之序文化發展有限公司、漳州市海峽兩岸茶業交流協會與閩南師範大學文學院共建的「海峽兩岸茶文化課堂」正式掛牌。閩南師範大學與臺灣明道大學、漳州科技學院教師共同組建教學團隊，探索課程、茶藝實訓室和茶道藝術團即「三合一」的校企合作模式，努力探索以經典閱讀、藝能研習、創意表達三結合的教育模式，助力茶文化產業發展。該課堂相繼開發出「大學茶道」、「茶與文學」、「茶文化概論」、「茶藝研習」、「茶席設計和茶會組織」、「茶器與茶藝」等課程，創編了《問茶》、《喜茶宴》、《林語堂與茶的文學情懷》等主題作品，舉辦了海峽兩岸茶文化教育論壇、林語堂與茶文化論壇等六場大型活動，接待了來自臺灣彰化縣文化局、屏東大學、金

門大學等單位的體驗團隊。

「海峽兩岸茶文化課堂」成為閩南人共同的文化家園，臺灣明道大學羅文玲教授一直致力於兩岸茶文化的推廣，她說：「漳州與臺灣雖是一水之隔卻有著穩定的情誼在延伸！那份血濃於水的情緣，因為書香與漳州結下深厚的情緣！因為茶香與南靖故里系連，成就茶水情緣！」

三　詩情畫意：兩岸書畫的推展

詩歌有氣韻，書法有氣度，詩書畫與傳統文化有著最為緊密的聯繫，是中國傳統文人的修身之本。臺灣明道大學人文學院和閩南師範大學文學院都非常重視書法教育，在閩南詩歌節中，各位詩人和書畫家圍繞「詩和書畫」的關係開展主題演講、朗誦會及書畫創作展覽，以呈現中華傳統文化相互融合的藝術魅力。

閩南詩歌節帶動了兩岸書畫文化名人的交流。臺灣書法家陳維德、林俊臣等一批書法家把作品帶到大陸，並與閩南書法家進行交流研討。由閩南詩歌節搭橋，海峽兩岸各類書畫交流活動不斷展開。二〇一七年七月二十日在漳州詔安舉辦「海峽情 丹詔美——海峽兩岸（漳州）大學生詩書畫聯誼活動」，來自臺灣臺南大學、雲林大學師生和大陸部分高校師生參加了聯誼活動。二〇一七年十一月十八日至二十一日來自臺灣的嘉賓六人，其中包括沈耀初的學生陳拙園等與閩南師範大學文學院的師生共同參加「紀念國畫大師沈耀初誕辰一一〇周年」書畫展及學術研討會。閩南師範大學學生到臺灣研修書法課程，讓學子們在互相學習借鑒中共同成長。

明道大學郭秋勳校長曾感慨地說，兩岸血濃於水，文化傳統相同，……北京、閩南、廣東與臺灣等地的詩人與書畫家，圍繞詩書畫

三種傳統文化形式的融合，開拓新視角，展開新對話，對於閩臺之間的文化交流幫助頗大。

四　琴心詩情：兩岸琴人的相聚

　　古琴是中國古典音樂的靈魂，也是傳統文人的修身之器，當詩與琴的交會，定會成為詩與琴、文學與音樂的一次美好聯姻。臺灣明道大學人文學院、閩南師範大學文學近年來都致力於探索人文藝術的交融與發展之道，致力於營造良好的人文藝術氛圍。二〇一六年，閩南詩歌節以「詩與琴」為主題，兩岸詩人作家、琴家相聚在一起，探討和推動著古琴文化的發展。

　　以此為契機，兩岸詩與琴的交匯，有力推動了兩岸琴文化的發展。漳州龍人古琴為古琴界最具代表的品牌之一，二〇一四年被文化部列為國家文化產業示範基地。閩南師範大學文學院把學術資源引入了龍人古琴，並建立中華傳統文化研習基地，蕭蕭把臺灣明道大學的詩教合作專案帶入了該企業，推動了龍人古琴由古琴製作向文化教育產業的轉型。龍人古琴在學校建立了龍人古琴課堂，讓古琴進入閩臺高校，同時三家聯合成立原龍詩教中心，蕭蕭院長聘任為中心主任。閩南師範大學文學院重傳統文化教育的傳統與臺灣明道大學的詩教特色、龍人書院的古琴產業優勢互嵌融合發展。這些年臺灣大中小學師生到龍人古琴村參與文化教育與傳播實踐每年都有一百多人次；二〇一六年來自四十一所孔子學院的外方院長到龍人古琴村進行文化體驗活動。龍人古琴村到臺灣指導琴文化活動每年十多人次，明道大學建立龍人古琴課堂，臺灣古琴文化傳播有了很大的拓展。

　　說到這些年兩岸古琴文化的交往，臺灣琴會會長陳雯說：「通過詩歌節的活動，以琴會友、以詩為媒，閩南詩歌中蘊含的情懷，我想

更重要的是真摯情誼的甘甜清香，溫潤著所有人的心。」

　　由詩人蕭蕭推動、兩岸共同主辦的每年一屆的閩南詩歌節，形成「詩歌+」的特殊模式，把詩歌、藝術和文化產業有效融合在一起，已成為有一定影響力的文學文化活動，受到閩臺文學藝術界和文化產業界關注。以詩為槳，蕩漾起開放多元的兩岸文化交流發展之波，正是一條海峽兩岸融合發展的新路。

茶是人心深處的溫潤與芳華

──於茶文化課程分享蕭蕭茶詩有感

林　楓

福建漳州閩南師範大學文學院教師

　　中國是詩歌的國度，盛世開篇總有詩歌相隨，不僅是都市生活，也不限於鄉野人家，浪漫的中國人在滿足基本生活之後，總會找尋與心靈最近的抒情方式來盛放祈望飄搖於四方的心，或是詩的格律雕琢你的才情，或是歌的旋律繞轉你的思緒……在新的時代，生活好起來的人們總會把茶視為雅致生活的符號，把詩歌的銘記作為鑴刻的回憶。而這些，大眾雖有感知，卻空乏採擷勾勒的妙筆，往往限於一「韻」字，再展開，始終未及心之所望，不由得再次「吃茶去」，回歸漸悟的軌跡。故，與課程之中，有舊體詩為輔以講授茶史，幸有蕭蕭茶詩，以當代茶種為素材，以真情實感為基調，數年體悟，緩緩展開，從而使講授內容擁有茶葉具像的準確性、抽象遊思的生動性，進而保持對茶猶如格物致知般的居敬感悟，以求真理。

入理切情、聞香識品：對茶葉品質的客觀描繪

　　中國是世界上第一個栽培茶與利用茶的國家，茶業發展至今，茶類最為豐富，品種最為齊全。根據發酵程度，可分為六大茶類，分別為綠茶、白茶、黃茶、青茶、紅茶、黑茶。在蕭蕭茶詩中，以青茶

（岩茶＋閩南烏龍茶）為重點，對六大茶類的品質特徵均有成像性的描寫與刻畫。

茶類	教科書式的描繪	蕭蕭茶詩的成像	備註
綠茶	形美、色翠、香鬱、味醇。沖泡後，在玻璃杯中，芽芽直立，似針筆直，上浮下沉。	1.西湖龍井、信陽毛尖、碧螺春、太平猴魁。在舌尖、在胃的彈跳拿什麼形容——〈觀心無常〉 2.茶葉，抿緊雙唇，蜷曲，是為了伸展；包覆全身，浮沉，是為了釋放——〈一缽茶〉	以彈跳概括出綠茶於水中婆娑的姿態。
白茶	以福鼎白茶為例，分為白毫銀針、白牡丹和貢眉，未經過揉撚，茶葉成自然形，芽頭飽滿恰白霜披葉，香氣為豪香，有一點年份則有甜香撲鼻。	1.直白得像少年童稚的心，不需揉之又揉，輕輕一烘，溢滿出十二歲的本真；不須撚之又撚，男孩純樸的本色，存藏在山坳裡童年的腳印，母親吻過的，愛的舊痕——〈常念白茶〉 2.福，憩息在無數山靈滋潤、水靈滋潤；憩息在無數風靈翻轉的毫尖頂——〈福鼎·福憩〉	作為六大茶類中人工干預最少的一款茶，以男孩的純樸比擬之，並點出茶產區優越的生存環境。
黃茶	性溫，香氣與滋味較為平和溫潤。	黃茶黃葉的老嫩區隔了黃大茶、黃小茶——〈觀心無常〉	詩歌前後還有別茶人的點評
青茶	閩南是烏龍茶的發源地，由此傳向閩北、廣東和臺灣四大烏龍	1.不用問，天地的清光，人間的溫潤，如何乘著雲氣逐一拜訪；喉舌深處微血	「不用問」是一款岩茶，不甘於靜態的觀察，而是從茶

茶類	教科書式的描繪	蕭蕭茶詩的成像	備註
	茶產區，閩北和廣東茶呈條索形，味醇色橙，香鬱味長，閩南和臺灣茶呈圓結形，味鮮色翠，香幽味甘。	管深處神經末梢深處，逐一晶瑩剔透，逐一飛翔——《天風落款的地方‧不用問》 2.眾水之中如果想要成仙，那就微微昂頭提頸，三十五度的仰角可以看見，比天空朗爽的天空，比黑白琴鍵還適宜吟哦的蔚藍——《松下聽濤‧水仙》 3.漳州街口，平實的茶桌，清而爽朗的茶煙如蘭悠悠；文文的茶氣，文文的談說，彷彿都在傳習轉播——〈白芽奇蘭：漳州人的愛〉 4.凍頂茗茶才有這樣的彈性，大氣裡波動風雲，增強了弓身力勁；召喚這一身勁，在情人的舌尖舌腹、舌底舌根，生滿滿的玉液、滿滿的金津；這一身勁，彈伸情愛的襟翼，到你心靈深深，深深而無垠——〈茗芽香〉	香的穿透力入手，帶給體感從舒展到飛翔的體驗；同樣是岩茶，仰視的角度代表了茶樹的高度，水仙作為喬木種的挺拔連同滋味的鮮爽被勾勒了出來；還有一路往南中，養在深閨的白芽奇蘭，平實含蓄，默默綻放，只待品味時爽朗的笑意，乃至跨越海峽，經歷山頂的風凍，還以強韌的芽葉，迸發出回甘時的衝勁兒。烏龍茶苦盡甘來的婉轉在詩歌中纏纏繞繞，帶給人曲徑通幽的審美體驗。
紅茶	紅湯紅葉，湯色紅豔、滋味甜醇，具有較大的調和性，可與糖、奶混合，調飲出	桐木關，武夷山脈斷裂的埡口，在這裡延遲又延長發酵的芽葉，琥珀深沉為瑪瑙；從這裡松針松脂薰燃的松	正山小種源自高貴的血統，詩歌將場景從茶園一下子拉到宴會，只因紅豔

茶類	教科書式的描繪	蕭蕭茶詩的成像	備註
	奶茶。	煙，延長茶香到歐洲的港口，燕尾禮服的宴席，醇厚的舌尖、舌底，回繞著一整個桐木關的春天——〈桐木關　紅茶的故事〉	的茶湯倒映出的珠光寶氣，曄曄照人。
黑茶	後發酵茶，暗紅色的茶湯，滋味醇厚，呈沉香、棗香，具有藥用的價值。	1.青氣殺淨，葉片不再黏稠，黃褐色轉，淡淡的甜酒糟醇厚；降脂、解膩、消肉，美麗的金花俠女——〈安化千兩茶〉 2.黑，所以穩，我以如意盤將自己穩在普洱漩起的漩渦裡，享受生命中少有的孤獨情味——《松下聽濤·普洱茶的漩渦》	黑茶如長者般的沉穩，似乎只有歲月的磨礪才能體會這份深沉轉化中「又日新」的豁達。

擬人入勝、如人飲水：對品茶感受的抒情鋪陳

　　古之茶詩佳句，由蘇軾始，在〈次韻曹輔寄壑源試焙新芽〉中，將佳茗與佳人進行比擬，以粉面形容白茸裹身、鮮翠欲滴的芽頭，以冰雪比擬真材實料、表裡如一的圓餅，將對佳人的傾慕寄託在賞茶的美滿譽詞之中。另有撰〈葉嘉傳〉，葉嘉不出眾的外表下卻有一顆剛正不阿的心，面對濁流，敢於直諫，最終獲得聖君的懷念，在這裡，則歌頌了素有「晚甘侯」美譽的岩茶的內在品質，從口感中預設了「晚而回甘」的期許。另有林語堂的「三泡說」，初品時的青澀、再品時的芳華，後品時的餘熱，以茶的層次感比擬女性於不同年齡段的韻味。

　　蕭蕭茶詩的擬人化描寫不斷深入向茶湯本體的探尋，從與他物的比較，如以月光比擬陰乾芽毫的皎潔，從對水的描寫，如雲水依依道出茶與水的眷念，從制茶成品的追溯，如複述千錘百煉的茶條還要回到冰冷的鐵罐……這些外延的鋪墊，最終落實到最為關鍵的那碗茶湯中。

茶香	迴旋且清亮 高音清揚 松煙的呼吸 醴馥、如蘭悠悠 蕊瓣的香、香蜜的甜、甜果的芬芳 忍住香氛的忍不住興奮
湯色	一襲薄青衫 奈米式的滾動 舞成波波波紋 鵝黃
滋味	溫潤與芳華 雄渾 甘與願 霧露雲華 舌根緩緩生津
其他	凝神、凝珠、凝露、發散、蹦跳

　　蕭蕭茶詩中的茶湯，她具有動態的美感，既有從鐵壺中傾倒出的那一刻由水線帶動的茶粒的迴旋，茶葉緩緩舒張後，亦有上揚的茶香沁人心脾，在花香、蜜香與果香的辨識與交融中捕抓玄妙的瞬間，又有漸漸浸潤於清水中含苞待放的茶芽，羞澀地展開她的兩翼，揚起嫩黃、金黃、橙黃乃至鵝黃的霓裳，直至濕潤你的雙唇，茶的風情未減，她會彈跳在你的舌尖、徜徉在你的喉底、乃至流經食道，溫潤你

的心窩。所謂，情思朗爽滿天地，豁然開朗之境非必登至高山，於品
啜甘露間聽從蕭蕭茶詩的導覽，進而凝神靜氣、滌清凡塵，自然吐
納、悅己悅人。

古今穿梭、美美與共：對茶間時光的解構品讀

中華茶道源遠流長，「名從姬旦始，漸播桐君錄。賦詠誰最先，
厥傳惟杜育。唐人未知好，論著始於陸。常李亦清流，當年慕高躅。」
唐風宋韻在茶道中自得風流。明清之際，團餅茶改為散茶，茶類更加
豐富，大壺碗改為核橄壺杯，茶藝更為講究流程，以淪飲法代替了點
茶法，以「焚香、品茗、插花、繪畫」的格式佈置茶空間，幾乎同時
與園林的修建一同走入文人雅士的時尚圈，從而也使茶作為聯繫藝術
生活的紐帶，作為優雅生活的符號，在《茶疏》有云：「明窗淨几、
風日晴和、輕陰微雨、小橋畫舫、茂林修竹、課花責鳥、荷亭避暑、
小院焚香、酒闌人散、清幽寺院、名泉怪石」等二十四宜的茶境。

現代的浪漫同樣不輸於古人，在四川可能一碗碧潭飄雪足夠你飲
用整個午後，更準確地的說，你品味的是坐在搖椅上無事掛心的休閒
生活，在草原可能一碗奶茶足夠甜膩你的味蕾，你嘗試的是一種異域
風情的溫暖體驗，而在福建、廣東和臺灣，你可能真的要花功夫來品
味一碗功夫茶，因為真正的「高手」在民間。民眾奉行程朱「日常掃
灑」中既有「格物」的意義，在閩南人的日常生活中，無論是隨處可
見的茶盤，還是隨口的問候語「來呷茶」，在耳濡目染，口耳相傳
間，傳遞著閩南人「熱茶熱心」、「素瓷靜遞」、「飲茶思源」、「客來敬
茶」的茶席默契。

蕭蕭茶詩孕育於閩南地緣，以烏龍茶為主題，邀請各地茶人、琴
人、詩人與書畫家，於席間吟誦抒情、別茶拂琴、揮毫潑墨，彷彿席

間即是一個舞臺。品茗時無聲,唯有爐沸「颼颼欲作松風鳴」,大家將注意力調動至舌尖淺嘗的那一刻,品三五啜聞琴音,低轉沉吟的迴旋像極了齒頰留香,或有空靈幽遠之感也隨茶香嫋嫋頗助玄思。「三碗搜枯腸,唯有文字五千卷」,賦詩若干,「藏身雲霧裡就是在李耳的渾沌間也不為自己設籍」,「在鵝黃的茶湯底與陸羽同沉同浮同沉醉」,「讀通了三千首蘇東坡,才知道什麼是傾蕩磊落」,「那絲綢所拂過的滿面楊柳風,都曾經拂過壺裡茶葉的春與秋」……在茶中與古代聖賢對話,與時光對話,從而也使茶席擁有了立體的意義,直至筆墨記錄下唯這一刻「一期一會」的感觸。

物我兩忘、不忘初心:對茶道哲思的質樸探索

據《全唐詩》統計,計有涉茶詩五百五十一首,詩人一百四十七家。王維、王昌齡、孟浩然、李白、杜甫、錢起、張繼、劉禹錫、柳宗元、賈島、張籍、盧仝、皎然、李賀、白居易、元稹、李商隱、溫庭筠、皮日休……幾乎當時最負盛名,在中國詩歌史上最富有藝術創造力和浪漫想像力的大部分詩人,在他們的生命行次中,都從不同角度,歌頌了茶道,肯定了茶的精神價值。兩宋茶道發展出了點茶道,茶具更為簡潔、色調更為內斂,茶詩詞敘述了茶事,以蘇軾〈寄周安孺茶〉為例,敘中國植茶利茶詠茶中的源流,並且從別茶人──香濃奪蘭露,色嫩敵秋菊的細緻描繪,轉變為無須計較茶之優劣──何嘗教優劣,但喜破睡速,乳甌十分滿,人間真局促的精神體會,「人間有味是清歡」的體悟也在體現在飲茶之真上。

「一候,會是多少個日升多少個月落,一候,那門就深似海無處可遁走。」(出自〈觀受是苦〉)相較與當代製茶、行茶的工具書,蕭蕭茶詩充允著當代人豐富的情感,較之唐宋詩詞格律般的工整之美,

蕭蕭詩歌中對原鄉純樸生活的期許與追逐流露於字裡行間。在《松下聽濤》中，道盡陽光、土壤對茶的孕育，雲水、壺器對茶的成全、乃至茶傾盡全身力氣對人的本真釋放；在《雲水依依》中，傾心南靖雲水謠（蕭蕭祖籍地）由榕樹、溪水、茶歌、水車乃至水牛構成的鄉野生活；在《天風落款的地方》中，歌頌高山深谷雲霧繚繞的自然之工，在《大自在截句》中，大膽暢想茶的中國神話，在《雲華無盡藏》中，抒發喝茶人尋找身心歸宿的萬千情愫……越至後期，茶詩中流露出「回歸」的心路，回歸自然，回歸家庭，回歸本心，乃至於簡簡幾筆開頭，勾勒當前情狀，之後拆詞解意、辯證反轉，需你剔除雜念、切磋琢磨，方解茶中之道。

依依：雲、水、茶之間的對話
——評蕭蕭茶詩的精神譜系

胡嬌陽

福建漳州閩南師範大學海外教育學院教師

　　蕭蕭老師第一本詩集《舉目》發表於一九七八年，第二本詩集《悲涼》發表於一九八二年，之後陸續發表詩集《凝神》、《草葉隨意書》、《情無限·思無邪》、《月白風清》等，蕭蕭老師從業四十餘年間，從未停止創作新詩，為臺灣詩壇做出了卓越的貢獻。蕭蕭老師被授予第四十二屆「吳三連獎」，這堪比「臺灣諾貝爾獎」的頒發，也為臺灣文學以及兩岸文學交流增添了活力。

　　蕭蕭老師不僅是詩人，還以詩評知名，蘇紹連曾評論道：「詩的評論家蕭蕭是導引詩路的燈，詩的創作家蕭蕭則是開拓詩路的腳印。」蕭蕭老師在詩路上始終扮演著不同的角色，而且全身心投入其中，讓人欽佩。著作等身的蕭蕭老師將自己的精神印刻在詩的字裡行間，流之無形，行之有道。蕭蕭老師的詩集堪稱經典，值得反覆品讀，且每每重溫都好像初次讀到，都有新收穫。在此，謹以蕭蕭老師的茶詩集《雲水依依》，管窺蕭蕭茶詩的結構以及蘊含的精神譜系。

生命的顏色

　　讀蕭蕭老師的詩，感受文字編織的「詩如畫」，隨物有感，豐富

的人文情志，透露出蕭蕭老師眼裡關於生命的顏色。

顯然，蕭蕭老師的內心深處，仍然有著悲涼，以至蕭蕭老師的茶詩裡仍然脈衍著悲涼的情緒。「白色」是蕭蕭老師在詩中的高頻色，從《後更年期的白色憂傷》至《情無限‧思無邪》，道盡了人世間的苦澀與悽楚。

> 不知道如何教你用心如何按摩心臟那深層的器官，不如教你如何不用心，像喝一杯白開水，加糖加冰加蜂蜜無所謂加咖啡也無所謂，無所謂冷無所謂熱無所謂溫或不溫，僅僅是：一杯白開水。……（《雲水依依：蕭蕭茶詩集》）

白開水的白，在蕭蕭老師的眼裡，是憂傷的色澤，所以無論曾經它是否渾濁，是在溪水裡是在河水裡，或是傲人的瀑布，或是雲霧霜雪，流淌在山川峽谷，那都是曾經的過往的，那都是孤獨的流浪。

除了孤獨的「白」，還有月色清冷的「白」，冰天雪地的「白」，「是什麼樣的冰凍冷凝，讓白統御了整個北方的大地與天空。」（《雲水依依：蕭蕭茶詩集》）蕭蕭老師詩中的月白和雪白，是與傷口中流淌著血的傷痛一般的意境，甚至比哲學家尼采內心的痛更為深沉。然而，蕭蕭老師的詩不是凡人眼裡所見的意象抒情、自悲自吟，他的詩筆一字一行間還在冥思命運和塵世，省視生活中苦與甜、喜與悲。在〈月色是茶的前身〉中，「白」月光是茶前世欠下的債，在輪迴的時間命運裡，蕭蕭老師的月色與茶，形成了纏繞相依的情志。

> 前世欠你一片溶溶月色，我還你一路樹陰，一路朗朗而過的笑。六六大順的夜晚，你又來夢裡鋪滿銀白，下輩子我會是自在的流雲，只負責逗引你抬頭開心。或許欠的是一陣花的芬

> 芳，今生化成鍵盤鍵，陪你數算寂寥的清夜。（《雲水依依：蕭
> 蕭茶詩集》）

　　茶香還是花香？白色的月光還是銀白的大地？這都無所謂，因為
它們終將安撫的是寂寥清夜裡詩人寂寥的心。

　　令人歡喜的是，蕭蕭老師的詩裡並不只有冷色的「白」，逐漸出
現了溫潤多姿的彩色。茶詩中的「綠」，亦是蕭蕭老師的詩中賦予生
命的顏色。

> 縐成一團，不一定是我的本意，回復三月東風陣陣的翠綠，或
> 者秋末寒雨。又，何嘗是……
> 從火裡來，再到水中去，也不過熬來一身苦澀，沖出一身苦
> 澀。苦澀，無論如何也說不完，山中晦暗的心情。（《雲水依
> 依：蕭蕭茶詩集》）

　　這是〈茶葉的心事〉，翠綠的茶葉仍然透著無奈，水與火也無法
沖淡它內心的苦澀。但是，時間似乎可以療癒過往，在幾乎間隔二十
多年後，我們看到了滿腹心事的茶葉終於《舒卷》。

> 茶葉逐漸失去茶樹的翠綠，卻堅持保留山的呼吸，在舌尖面彈
> 跳，毛細孔裡學雲舒學雲卷。我放棄獅子座的潑墨譜系，像雲
> 一般舒卷。（《雲水依依：蕭蕭茶詩集》）

　　舒卷的茶葉雖然漸去翠綠，卻不遺憾。還有五彩繽紛的山頭，還
有幸福的彩虹，這都是蕭蕭老師的詩中關於生命的顏色。

詩的溫度

　　蕭蕭老師的詩是有溫度的，無論是在文字還是在意象裡。〈茶與呼吸〉中說道，「茶碗懷念烈火之前的陶泥，茶葉嚮往尚未烘焙的滿山綠意。」（《雲水依依：蕭蕭茶詩集》）

　　蕭蕭老師的詩，不是激烈的炙熱，也不是極寒的冷，它的溫度是不偏不倚的溫潤，就如蘇紹連先生所言，「蕭蕭的火是文火，像熬藥一般，用慢火、微火煎煮，火小而緩，時久之後，白色漸漸透紅，終有了溫度。讀蕭蕭的詩，常常是這樣感受到溫度的，他即使有意寫猛烈的詩，但也不會任意縱火焚燒，燬去溫文儒雅的形象。」

　　在〈風雲會〉裡，茶葉就如踡縮在火房子裡的受傷靈魂，而炙熱的開水翻滾在火熱的鐵壺中，如焦灼的腳步來來回回。然而，在蕭蕭老師的筆下，這些激烈的、緊張的，都將化為漫長的、柔和的，如他本人一般，慢條斯理、悠然溫潤。所以，茶葉因為水而溫潤了，與早春的天空、朝露和雨水一起散發淡淡的香，這是蕭蕭老師眼裡的風雲際會。

　　詩中的文字是散發溫度的枝蔓，還是調節溫度的溫控儀。蕭蕭老師以樂景寫哀思，以靜物寫活態，火候總是剛剛好，落下筆尖的文字，將詩中的溫度調節的恰到好處，讓人感到舒適，正如其人。

茶詩的禪境

　　蕭蕭老師的詩不依傍前人，不依傍流俗之見，積澱自己的新詩審美圖式，展現出別樣的茶詩禪意與禪境。尤其是進入二十一世紀後，蕭蕭老師的詩呈現出空無的禪意。

風，無意說法，從高處的雲端飄近水湄，又飄向遠方。遠方，無心說法，任雲從山谷間聚攏，又散飛到天際。天，無能說法，千萬年來只讓一個謐字，吸引大地。大地，無處說法，卻容許綠色大聲喧鬧。綠，無法說法，只讓茶米心的香氣在雲水間。（《雲水依依：蕭蕭茶詩集》）

〈南靖雲水謠〉寫於二〇一二年蕭蕭老師參加福建漳州詩歌節時，遊歷雲水謠有感而作。雲、水、茶在同一個時空中對話，風與遠方、天與地也在討要說法，但是這都被詩人化為雲水間的自在淡然。蕭蕭老師的茶詩常有這樣的策略，他總能將激烈的、濃烈的情感和壓力釋放，逐漸稀釋和消弭，讓一切都變得恬淡和無為。無論認為詩是寄託，還是產生於激情，或寄寓於意象，蕭蕭老師都試圖在本體上回答何以由詩去闡釋生活的態度。

〈長教人　生死相許〉中，蕭蕭老師用筆墨，上演了生死相許的戲，雲是起音，水是主唱，謠是迴響，茶香飄散在山水裡、空氣中和唇齒間，雲水茶之間的對話終於有了答案，那是生死相依。人生的態度，通過一首首茶詩躍然紙上。

叫太陽起床的人

既有生命的顏色，又有生命的溫度，蕭蕭老師的茶詩漸入禪意與禪境。不禁疑問，能寫出這般詩的人，是怎樣的人？

有個聲音在耳邊回答：「叫太陽起床的人！」

「叫太陽起床的人」又是怎樣的人？

如何能成為「叫太陽起床的人」？

若在電腦中檢索關鍵字「叫太陽起床的人」，首當其衝的是王永慶先

生主編的《叫太陽起床的人》，鄙人從目次中撿取若干篇目作為衡量「叫太陽起床的人」的標準，來嘗試比照蕭蕭老師，斗膽挑戰發問，蕭蕭老師真的是「叫太陽起床的人」嗎？

（一）吃必要的苦　耐必要的勞

　　若提吃苦耐勞，可先從細數蕭蕭老師的童年經歷開始。蕭蕭老師祖籍福建漳州，據蕭氏族譜記載，蕭氏先祖在明朝末年移居臺灣，至蕭蕭老師這一代已是第九代。蕭蕭老師的曾祖父是晚清秀才，在鄉里聲望頗高，但家道中衰。在曾祖父、祖父相繼過世之後，蕭家的家庭重擔，全靠祖母獨力撐起。蕭蕭老師的父親是一位終年忙於農事的農人，也是一位為家計奔波的父親。蕭蕭老師曾這樣描述自己的父親：「三分地的收成，一年只能換取七千塊。面對割稻、糶穀、賣菜、賣龍眼、剖篾片，終日勤勞的父親，仍要面對討債人的壓力。往往日夜的辛勞、夫妻的努力，剛剛夠付三個月的利息，還要隱瞞老母、稚子，不讓他們因此而煩憂。父親硬挺的苦心，做為長子的我，從小學時代，就深深體會那分苦澀與無奈。」

　　「地瘦栽松柏，家貧子讀書」。童年時期的蕭蕭老師，帶著對曾祖父的仰望、對祖母的愛、對父親的心疼，熬夜苦讀。他曾說，每天他聽到雞叫聲就起床圖書，冀望十年寒窗後能有一番成就，光耀門楣，這也是祖母對他的期望。王永慶先生曾說過，「苦吃慣了，便不以為苦，反能安之若素」。這句話也印證在了蕭蕭老師的成長道路上，上天也沒有辜負這位努力奔跑的追光者，蕭蕭老師考上輔仁大學中文系，而後攻讀臺灣師範大學國文研究所碩士，畢業後執教三尺講臺，如今已是桃李芬芳遍天下。

（二）活得有勁　看得豁達

　　求學時期的蕭蕭老師生活拮据，家中父親給他的生活費，每次都會在書店消耗近乎一個月的預算，書籍成為了他生活中的精神食糧。儘管如此，蕭蕭老師省吃儉用，努力工讀，他的同學也熱誠相助，蕭蕭老師順利完成學業。

　　童年的苦澀、成長的無奈，似乎並不妨礙蕭蕭老師遺傳基因裡的幽默和風趣。有一次在課堂上，學生問他：「老師，十二生肖你屬什麼？」他說：「我是豬。」全班同學笑成一團，笑了五分鐘還餘音嫋嫋。蕭蕭老師說：「一生之中不知講過多少笑話，從沒有一個笑果勝過『我是豬』三個字。」古稀之年的蕭蕭老師仍然有著孩童般的笑容，純真的心。蕭蕭老師的內心之豁達是我們都需學習的境界。

（三）堅持一顆愛人的心

　　蕭蕭老師先後執教於臺灣景美女子中學、臺北市第一女子高級中學、中國文化大學、輔仁大學、明道大學等校，蕭蕭老師對學生倍加愛護，所以，學生也以同樣熱烈的愛回報蕭蕭老師。蕭蕭老師北一女中同事兼好友臧正一老師說：「蕭蕭的師生之情，是讓人羨慕，讓人佩服的。他是綠園裡唯一能在母親節收到康乃馨的男老師，可見他的學生對他的愛戴與尊敬。他待學生亦師亦友，學生能在他的課堂裡，盡情地徜徉在文學的領域中，悠游於學習的喜樂裡。」（《在尊貴的窗口讀信》）

　　二〇一六年，蕭蕭老師參加湖北秭歸縣歸州鎮萬古寺村與臺灣彰化寶廍里屈氏後裔共慶端午活動時，看到萬古寺村支部書記屈家明和寶廍里里長深情地擁抱在一起的時候，被兩地同根同祖的深情感動得熱淚盈眶。蕭蕭老師說：「千百年來，誰都知道不論什麼樣的召魂儀

式都召不回屈原魂魄，但千百年來，這樣的儀式卻一年又一年重複舉
行著，天地何其廣大，時代何其久遠，聖賢何其眾多，歲歲年年，我
們卻只召喚魂魄，望著開闊的江水、渺小的船隻，我想著一個人的生
命力量可以如此巨大，那魂卻又如此幽邈，淚水不停滾落下來。」仁
者愛人，蕭蕭老師始終有著一顆推己及人的愛人之心、博愛眾生的感
性之心。

（四）學術路上的慢跑者

　　已經榮退的蕭蕭老師，從教四十餘載，可堪稱學術道路慢跑賽中
的馬拉松。自蕭蕭老師讀高中時，就在其就學的員林中學創辦校內刊
物《晨曦文藝》（現為《員中青年》）。蕭蕭老師十六歲的時候就在臺
灣《民聲日報》發表詩作，已出版詩集十餘種，包括《舉目》、《悲
涼》、《緣無緣》、《雲邊書》、《皈依風皈依松》、《凝神》、《草葉隨意
書》、《雲水依依》、《松下聽濤》、《撫觸靈魂‧風的風衣》等。同時，
蕭蕭老師詩學論著頗豐，如：《現代詩學》、《臺灣新詩美學》、《現代
新詩美學》、《後現代新詩美學》、《空間新詩學》、《新詩創作學》，亦
多為學界引用。蕭蕭老師執教期間還出版了豐富的新詩賞析教學讀
物，如：《現代詩入門》、《青少年詩話》、《現代詩創作演練》、《現代
詩遊戲》、《中學生現代詩手冊》、《新待體操十四招》等，引導青少年
及一般民眾閱讀現代詩、親近現代詩。蕭蕭老師從未停止過寫詩、評
詩和論詩，他教育引導後生如何欣賞詩和走進詩的世界，他既有詩人
的瀟灑，又有教育家的仁愛。

　　誠如上述逐一印證，蕭蕭老師為「叫太陽起床的人」是實至名歸
的。其實，無論是蕭蕭老師的個人經歷，亦或是他的茶詩中所展現的
精神，這並不是個案，在臺灣老一輩的文學家和詩人中，還有許多和
蕭蕭老師一樣有著「敞開大胸懷面對真生命」的鴻儒。鄭愁予先生，

余光中先生，林煥彰先生等等。他們的詩，治癒了一代人的心靈，啟迪了一代人的生命。他們沒有沉浸在自己的詩裡自悲自吟，而是帶著對天地對人世的冥思，帶著對未來悠悠歲月的悵惘，關懷社會關懷人民，他們都是人生境界的風向標，值得後生晚輩們尊重敬仰。

琴與詩的相遇

張錦冰

福建漳州龍人古琴學院副院長

　　蕭蕭老師在大陸與龍人古琴相遇，將有著三千年歷史深厚文化底蘊的古琴帶到臺灣高校。老師在擔任人文學院院長期間，主張人文教育，讓學生接觸詩歌、戲劇、音樂、書法等，古今中外高品質的教育都離不開人文教育，這對塑造文化意義的人是有重要意義的。他在大學開設龍人古琴課堂，親自帶領學校老師習琴，讓他們感受古琴文化，培養師資團隊，聘請兩岸古琴老師到學校任教，舉辦詩與樂的主題活動，組建古琴社團等推動古琴文化在校園的發展。

　　古琴是文人音樂的代表，愛琴之人會為一床琴音色優美、製作精良的古琴起琴名、寫書法、篆刻，擁有名字的琴與琴人之間建立起緊密的聯繫，也有了獨特的意義。龍人古琴的創始人謝建東先生是大陸地區知名的古琴製作藝術家，與蕭蕭老師有著深厚的友誼，他邀請蕭蕭先生為他富有紀念意義的琴取琴名，並將這些佳作收藏在他的百琴堂。

　　關於琴名，我很好奇蕭蕭老師會有怎樣的構思？一天早上，文玲老師的電話如同晨鳥喚醒還未進入工作狀態的我。她興奮地告訴我老師不僅送我八個琴名，還送我八首詩。蕭蕭老師有著詩人的浪漫，我感覺收到大禮了，滿心期待地拆開這個禮盒探究一番。通過文玲的微信，我讀到了這八首詩——古琴八式，分別是：潤心式、通神式、

融真式、留淳式、涵天式、探玄式、入安式、回凡式，每一首都直指我心。

潤心式，詩意的琴音可以潤澤我們的心靈，無論遇到什麼情況，心可以得到安撫和滋養。

通神式，撫琴人總是專注在音樂中，彷彿瞬間時空停止了，人與天地會通了。

融真式，撫琴人的專注讓我們回到初心，有單純的心才能彈奏出與天地融合的琴音。

留淳式，生活中有很多的煩惱，撫琴丟棄心靈多餘的包袱，使心靈純淨。

涵天式，現實的世界有邊界，而琴的世界無邊界，撫琴人可在天地間自由飛翔，心大了，便含住了這天地。

探玄式，古琴音樂是哲人的音樂，生命美麗可愛，在琴樂中探索生命中玄妙和生命的意義。

入安式，把心安頓好是人生中最難的事，撫琴不一定能讓心安定，卻是讓心安定的最好方式之一。

回凡式，高雅琴音讓心飛向九霄之外，短暫的離開讓身心得到休息滋養，是為回到紅塵時有更多能量，安穩踏實度過每一天。

蕭蕭老師創作的這組琴詩從詩人的角度解讀琴，也許是現代詩體裁第一次出現琴詩題材，是古琴文學的創作，當代琴學的發展。品讀蕭蕭老師的琴詩，我彷彿聽到古琴音樂的流動。老師的詩是他對琴人的理解，以詩化人，希望彈琴的人有這樣的境界，從而有一顆強大的心去面對這個變化無常的世界。

我們準備了八床音質上品，工藝精良的古琴，在琴的龍池上方刻上詩名，在龍池附近刻上內容，又請好友在宣紙上寫下這八首詩歌的條幅，這樣一來，每床掛在牆上時，琴友都可以讀到詩。原本只是

簡單地請蕭蕭老師給琴起名字，卻如同水中漣漪，盪開了一圈一圈有趣的事情，這個過程是那麼的風雅。

　　漢字的「樂」有著很深厚的意義，詩樂是緊密結合的。琴與詩的相遇是這麼美好，我們凝神在弦與徽之間，琴音遠，尋找詩意的遠方。

一點茶事二分茶思寫一個蕭蕭

李翠瑛

臺灣桃園元智大學中國語文學系副教授

　　認識蕭蕭的風趣，始於多年前的一場演講，聽聞蕭蕭老師在臺北市某間高中有場現代詩的演講，我便託友人讓我溜進去聽，那時我剛到大學教書，為了琢磨教學技巧，便到各大名師的場子中偷學幾步說話演講的招式，蕭蕭老師就是傳聞中擅長演講並且說話風趣幽默，十分受學生歡迎的老師，自然是我學習對象之一。記得那日，蕭蕭老師以他的學識融合詩的語言侃侃談詩，一面是詩與語言趣味，一面談他的人生經歷，整場笑聲不斷，那時我和老師不熟，悄悄聽完，靜靜離去。沒想到後來因緣際會，我也成為臺灣詩學的一員，和老師的接觸更多了，遠觀的蕭蕭和近距離的蕭蕭從此疊合在一起，儒雅的文人與偶而跳出幾句驚人之語的蕭蕭成為鮮活的師長與同仁。

　　後來有一次，蕭蕭在桃園有場演講，因著地利之便，我也到場，老師背著一個小的黑色腰包，一遇到我，竟打開小包，從中拿出一大把白毫銀針送我，他說特地帶給我品嚐。那時，蕭蕭老師已經在明道大學推廣茶文化多年，他也對喝茶品茶研究有一段時間的心得了。

　　蕭蕭老師的茶詩，源於他對茶的喜愛，在他的詩集中，最早有一首〈茶葉的心事〉寫著：「從火裡來，再到水中去／也不過熬來一身苦澀／沖出一身苦澀／苦澀，無論如何也說不完／山中晦暗的心情／一切都淡了／我還是沉下去又浮上來／浮上來找尋自己的臉」。茶的

心事，也是詩人的心事，早期詩中，蕭蕭已經隱隱透過茶的苦澀與甘甜，從中品味人生的滋味。二〇一二年，臺灣詩學季刊社的二十週年社慶時，蕭蕭出版《雲水依依——蕭蕭茶詩集》，第一首詩就是收錄這首一九八二年所寫的〈茶葉的心事〉，此詩距離蕭蕭出版一整本專以寫茶的詩集已經三十年了，這也見出蕭蕭品茶寫詩的生活中早已歷經數十年了，幾乎可說品茶一事已是他的生活。之後從二〇一一到二〇一二之間，蕭蕭更著力書寫大量的茶詩，全收錄在此本詩集中。

二〇一九年到二〇二二年，從蕭蕭的發表的散文及詩集中，可以看出蕭蕭老師研究茶、喝茶的過程。二〇二一年十二月的《文訊》雜誌中，「從舌尖到心底的溫暖」專欄，蕭蕭發表〈七度盧仝碗〉的茶文化散文，二〇二二年一月二十二日，在〈中華副刊〉發表〈從易經走出來的陸羽和他的風爐〉，以散文簡易的個人體驗書寫茶聖陸羽及他的茶經。二〇二二年二月十五日，蕭蕭在人間福報發表〈緇素之交：你有茶的輕盈・我有十五夜的光明〉（上、下）二文，寫陸羽和皎然的茶學因緣。二〇二二年二月十六日到十七日，他在中國時報發表〈鴻漸腦渡江——朱熹・金門・茶（上、下）〉二篇關於茶的散文。這幾篇時間上相隔甚近的文章，大約都是談茶以及與茶相關的古人軼事，不外見出蕭蕭對茶的品嘗從茶本身，進入學問的探索、心靈的安適。

其實我知道蕭蕭喝茶，甚而進入古人的茶事茶道的歷程，乃是有跡可循。二〇二一年，蕭蕭臉書上文章寫出他在讀茶書，一套《中國茶書全集校證》成了他手中瑰寶，我手上有一套《中國歷代茶書彙編》上下二冊已經讓我覺得汗牛充棟之累，而蕭蕭正在讀的那套茶書全集更有七冊之多，想來，疫情時期，蕭蕭老師正從他的喝茶之旅，走入古人的茶香世界中，從喝茶到寫詩，讀古人茶的文章，研究陸羽《茶經》的泡茶之道，從茶具、茶葉、水溫，乃至於以茶入心，以茶

談禪論道，蕭蕭對茶的關愛眼神，不僅是午後一盞茶，清新一瞬間而已，他把茶的世界融入他的世界，茶成為他生活中的一部分，也是他心靈記憶與人情的一部分。

喝茶這件事，也許來自於家庭背景潛藏的信仰，我喝茶，因為小時候家中每日總有一大壺茶，祖父及父親日日以茶為飲，幼年的生活裡，茶已然熟悉為隨手可得的事物，只是童年的鄉間，沒有過多講究，更無文人說法，茶就是茶。蕭蕭的喝茶愛茶，應該也是小時候家中薰陶，他在〈我與牛在田中寫的字〉中說他的五伯白日農作，牽著牛犁田，累的時候，到他家聊天喝茶，想來，他的家長輩似乎也以茶為飲，把茶當水喝。茶在中南部是人與人之間情感的交流，家中茶具擺著，熱水爐上燒著，左右鄰居隨時來去，喝一盞茶，道幾句人生，吆喝二下，情義深濃。這幅景象來自純樸的鄉間，卻是大門深鎖的都市人無法拉近的人間距離。

蕭蕭的詩〈茶與呼吸〉中說「水，想重溫雲的飄逸」，而「我則躲在你舌尖的回甘裡／淺淺呼吸」，他寫茶香，「無法排拒的茶香隨意瀰漫，忍不住深深吸一口，彷彿通徹到五臟六腑，及於末梢神經，遊走在大腦邊緣系統的海馬迴。」(〈村姑紅玉〉)，他寫有一次失神，把冷開水倒入茶壺中，不小心泡出一壺冷茶，於是，他思索：「不經95℃，哪會有高山的陽光、茶與流水愛戀不息的香哪！」(〈95℃的茶香〉)，他的喝茶，已經不僅是小時候的記憶了，他把茶變成他與古人遊的媒介，對茶的研究是他的興趣，喝茶是他體禪悟道的進路。從喝茶中，蕭蕭拉起古人與現代的橋樑，他從陸羽的茶世界中尋覓喝茶泡茶更精妙的可能性，他從古人在對茶的詩文中，發現古人也從茶的芬芳中照見自己內心的道路，他在品茶時，看到不同紅茶放在品茶杯中，他突然想到，「品鑑的難度似乎如哲學上的索問：我是誰？我從哪裡來？我要到哪裡去？」他問：「我們的舌尖會是人生情意的試紙

嗎？」（〈村姑紅玉〉）然後，他體悟到，喝茶一事，「不都是為了滋潤自己的一顆心？潤澤，才是活力生命的存在徵象；潤澤，才是生命與生命接觸、交流的唯一憑藉。」（〈心，需要潤澤〉）生活中的思索一件件都透過讀書、學琴、喝茶完成。無論是茶、茶詩、茶心，都是為了一顆心而來，為了潤澤生命，為了潤澤一顆溫溫潤潤的心。

蕭蕭的故鄉在彰化，八卦山腳下的一間三合院裡，父親為農，他在藍天白雲的稻田中走過他的童年，三合院裡陽光溫暖、農具、柴火、雞鴨鵝牛，滋養他生命中純樸而率真的小男生時期，他常常對耕作的牛特別好奇，他的詩集《緣無緣》中提到的白雲、河邊的樹、心中的牛，許多鄉間的意象紛紛鋪列在他的詩作中，成為紅塵中的一道清新風景。如果讀過蕭蕭的詩，就會發現，他在詩中的諸多意象，似乎忘不了也離不開他的童年裡那些鄉間溫暖的大地與自然風光。

蕭蕭老師是個溫文儒雅的詩人，但常有驚人之語；驚人之時，幽默叢生，往往讓人莞爾一笑，讚嘆他的文思敏捷，就像當時聽他演講一樣。他從彰化老家中走出來，也許是他書讀得好了，對於文字的敏銳度更甚於對植物農田的才能，他沒有從事家傳的農作，卻把記憶中的美好童年帶到他的詩中，我常常在讀蕭蕭的詩時，那眼前詩文中飄浮的自然意象，總是讓我彷彿忍不住要抬頭望望天空，讀讀藍天白雲，似乎在那廣袤無垠的深處，有某種真理在隱隱發光，也彷彿置身在溫暖明亮的太陽光下，照見自己與自然合而為一的瞬間。

蕭蕭老師與我

劉正偉

江西上饒師範學院副教授

　　認識蕭蕭老師大概是在一九八〇年代初期，那時我住在苗栗獅潭鄉下，我家離最近的中小學校和圖書館有三公里遠，就讀的高工距離三十公里遠，家裡沒有交通工具，唯一的知識和資訊來源，就是村裡雜貨店裡寄存的報紙，報紙裡的副刊是我對文字文學饑渴的最愛。

　　記憶中最深刻的是《中華日報・副刊》，有日刊登一篇蕭蕭老師關於測字的文章，裡面敘述明朝末年宮裡小太監測字的描述，不論太監怎麼心急或焦慮的更換字碼，都指向覆亡的預告。這讓我印象深刻，原來文字的魅力與變化可以如此巧妙。我揣想著，我哪一天可以如作者有一樣的文字功力？

　　慢慢的，我也開始嘗試投稿，在幾家副刊和校刊、《苗栗青年》刊登詩作和散文，偏遠山村是文化的沙漠與荒野，只能自己暗夜摸索，這些作家像細微而遙遠的的星光一樣，慢慢點亮黑夜長空。高中畢業和退伍後我到臺北工作，慢慢接觸文藝界，慢慢與這些從小只能在書報雜誌或電視上耳濡目染的名家，例如鍾鼎文、余光中、向明、張默、蕭蕭、林煥彰、白靈等等前輩陸續多有互動，親炙作家的丰采。大多的文人如想像的一樣，溫文爾雅、親切可人。蕭蕭老師無疑是助我最多的一位。

　　二〇一五年九月我剛師從陳俊卿老師學油畫，便不忝淺薄的在臉

書分享習作，十一月時任明道大學人文學院院長的蕭蕭老師邀我參與次年度臺灣三大詩會之一的「濁水溪詩歌節」，並將主題定為「劉正偉詩畫展暨東南亞詩會」，晚深感榮幸與受寵若驚。我知道蕭蕭老師提攜後進的心意與鼓舞晚輩的心情，竟也勇敢的馬上應允。次年九月底濁水溪詩歌節在颱風肆虐期間進行，我的四十二幅油畫作品在明道大學圖書館一樓畫廊和四所彰化高中巡迴展覽，獲得廣大迴響。蕭蕭老師還帶領與會的眾多臺灣詩人和東南亞詩人孫德安、楊玲、卡夫、懷鷹等人暢遊埔里、日月潭、臺中等地，為當時南向政策盡一份心力，也做好文化交流。

　　詩會期間我們與新加坡詩人卡夫近乎結成莫逆，每年他都到寶島與詩人們交遊，然三年後卡夫因胰臟癌突然病發不久即離世，於二〇一九年十月二十日出殯。此時我已赴大陸一大學專任，學期間出境不便，我還跟卡夫說盼著寒假去看他。而九月底蕭蕭老師已直接由臺北飛赴新加坡探望卡夫並慰問其家人，蕭蕭老師低調而真摯的情感，讓人動容。我時常想起卡夫在臉書上蕭蕭老師和我三人的照片上說：「餘生若能如此，家人安在，摯友一二，喜歡的人久伴不棄，對曾經無怨無悔，對未來愈戰愈勇，也就心滿意足了。」而今三缺一，每思憶起，不禁潸然。

　　臺灣地方諺語有：「社頭蕭一半，鹿港施了了。」指得是姓氏家族人口的占比，我是在蕭蕭老師詩文中認識的。二〇一八年十一月我主辦臺客詩畫展與講座，也邀請蕭蕭老師參與，他提供的簡介甚有意義：「蕭蕭，本名蕭水順（1947-），臺灣彰化人，臺灣師範大學國文研究所碩士。曾任中學教職三十二年，大學專任教職十四年，現為明道大學特聘講座教授。蕭蕭六歲入小學，七十歲離開大學，前十八年當學生，後四十六年當老師，一生都在讀書、教書、寫書、編書中度過，間接殺死了很多樹，但也直接種了很多樹在家鄉的土地上贖

罪。」我記得他在北一女中、景美女中、南山高中、明道大學任教，不斷的進修與升等，也不斷提攜後進，他的風範直接連結覃子豪、余光中、向明等前輩詩人，一樣是從傳統中華文化孕育中走出來的儒者形象。

蕭蕭與張漢良編著，在一九七九年由故鄉出版社出版的五巨冊《現代詩導讀》，一直是我們這些晚輩與現代詩人案頭的讀本；蕭蕭與張默主編的九歌出版社出版的《新詩三百首》不僅長銷，還再度增版改版，都是非常有意義的詩教與推廣工作。蕭蕭老師還與向明、白靈、蘇紹連、李瑞騰、尹玲等詩人成立臺灣詩學季刊社，創辦《吹鼓吹論壇》與《臺灣詩學季刊》，推展詩論與小詩運動。他們結合學院與社會力量推廣新詩的閱讀與創作，成果豐碩、意義非凡。一個人、一群人，如此持續五十多年不斷對新詩的付出，一定有宗教般狂熱與虔誠的內心與奉獻的精神。這些，都深深影響著我。

近年，蕭蕭老師與《國文天地》雜誌策畫「新世紀新詩社專輯」，分好幾期專文介紹在二〇〇〇年後成立的新詩社，如吹鼓吹論壇、野薑花、歪仔歪、風球、好燙、臺客、人間魚等詩社，向更廣泛的讀者群介紹，也方便學者考證研究。去年蕭蕭老師找我說收集這些文論，一起合編出版二本《新世紀新詩社觀察》專書，並要我為文寫一篇專論總序，我知道他是要訓練我、教育我、培養我，讓詩的香火不斷傳遞下去，他說：「我們都在路上，我們都要繼續前行。」我知道，在連繫與折衝交流中學習與成長，我銘感五內。

蕭蕭老師不僅在新詩領域與學校黌宮教書育人，我們都知道他的散文、詩論、禪詩與茶詩都非常厲害，去年得到吳三連文學獎也是錦上添花、水到渠成。他的詩，他的人，即之也溫，不盡言也無需多言，只要與他接觸的人都能感受那溫煦陽光的生命力。一如他在我二〇一八年主辦的桃園文學寫作人才培訓計畫講座的主題：「遇到蕭

蕭，你的詩就笑了。」蕭蕭老師是個默默耕耘、默默助人、為善不欲
人知類型的低調善人。那些耕耘適宜慢慢發酵、慢慢感化人心。

　　他的詩與人，是人生瀟灑的境界，是禪佛的境界。

瞥見他風神俊雅

林彩桂
臺灣臺中市自閉症教育協進會創會理事長

一九九九年，臺灣教育改革持續進行，其中「一綱多本政策」修法通過。

二〇〇四年，編譯館正式退出教科書的編寫。高中國文課程增加白話文比例，提升現代詩篇幅。從現代詩發展初期的胡適、徐志摩、紀絃、周夢蝶、余光中、鄭愁予、楊牧、林泠等人的作品一一選入高中國文課本；九〇年代校園民歌興起，採用現代詩入樂，如徐志摩〈再別康橋〉、余光中〈鄉愁四韻〉、鄭愁予〈偈〉等，以詩入樂、以樂傳詩，帶動高中校園現代詩朗誦吟詠的風潮，競相舉辦詩歌朗誦比賽。加上各種補充教材的編寫，連帶著現代詩走進各種國文科考試，五花八門的考題，大大增加現代詩的重要性。

二十幾年前臺灣中部地區高級中學國文科模擬考試題：

下引文字節錄自蕭蕭〈仲尼回頭〉，請閱讀後，回答以下三題：
走過曲阜斜坡，仲尼曾經三次回頭：一次為顏淵、子路、曾參、宰我；一次為孔鯉、孔伋；另一次為門口那棵蒼勁的古柏。
走過魯國開闊的平疇，仲尼只回了兩次頭，一次為遍地青柯不再翠綠，遍地麥穗不再黃熟，一次為東逝的流水從來不知回頭而回頭，回頭止住那一顆忍不住的淚沿頰邊而流。

走過人生仄徑時，仲尼曾經最後一次回頭，看天邊那個仁字還有那個人在左邊撐天上的那一橫地上的那一橫，留個寬廣任人行走。

1. 對於本詩的敘述，下列何者不正確？（A）以「回頭」的外在動作說明孔子內心的牽掛與眷戀。（B）先敘私情，再寫家國之情，最後寫出生平志業，是一首極為成功的作品。（C）「天上的那一橫地上的那一橫，留個寬廣任人行走」是指孔子的王道思想，期待世界大同。（D）為「遍地青柯不再翠綠，遍地麥穗不再黃熟」而回頭，寫出關心黎庶，無法拯救百姓於塗炭的無限遺憾。

2. 有關本詩的寫作手法，下列何者不正確？（A）是以散文詩的手法寫成，在散文的敘述與詩的象徵韻味中，勾勒出聖人的光影。（B）以「回頭」的外在動作，用層遞的表現技巧，將師弟之誼、親子之情、亡國之悲，淑世的理想逐一開展。（C）首段仲尼走過曲阜曾回頭三次，先為顏淵、子路、曾參、宰我，其次才為孔鯉、孔伋，表示孔子對學生教育的重視，勝過私情。（D）「門口那棵蒼勁的古柏」象徵孔子堅貞高節的品格，回頭遙望之際，以此自勉之意。

3. 下列關於孔子的描述，何者正確？（A）教育是他的抱負。（B）政治是他的職業。（C）淑世是他的理想。（D）周遊列國是他的志趣。」

古籍書寫與聖賢高士相遇總有著傳奇的歷程，如：「圯上墮鞋履鞋」、「臥看沐髮」、「無餌垂釣」、「此真神仙中人」；現代文藝浪漫的相遇也有著奇幻的歷程，如：「原來你在這裡」、「我在佛前求了五百年」、「她從不知道世上竟會有如此清澈明亮的眼眸，深幽、沈靜，像

一泓潭，緩緩包容她」。

由於解析考題認識一位詩人，是傳奇也是奇幻。

有一次跟隨詩人鄭愁予參加明道大學藝文活動，才正式認識詩人蕭蕭。隔了幾年，臺灣基督教門諾會籌建照顧成年自閉症者的「喜樂園」，在臺中長榮桂冠酒店舉辦募款餐會、義賣藝術家畫作。詩人蕭蕭以明道大學文學院院長身份召請羅文玲主任、陳憲仁教授、兒童文學家林煥彰老師遠來參加，關懷之情感人。

臺灣基督教門諾會籌募建園經費，連續在二〇一七、二〇一九年，兩次在臺中歌劇院舉辦「鄭愁予詩歌慈善演唱會」。主辦單位委任我擔任總策劃、製作人，統籌音樂會事務，籌備事宜超乎想像的繁瑣困難。首要在音樂團隊的成軍，聘請長榮交響樂團、臺灣青年交響樂團、以及殷正洋、小百合周月綺、許景淳、林文俊等演唱家；次為鄭愁予的詩與李泰祥的音樂結合編寫交響樂的曲譜、文宣海報 DM 的製作、燈光錄影音響等重工程的安排進行，更希望增加音樂會票房收入，有多餘的結餘可捐作建園經費。

為了增加音樂票房，第二次「鄭愁予詩歌慈善演唱會」增加文宣短片在網路行銷，拍攝內容包括：「住在愛的國度裏」、「瞥見他風神俊雅」、「在哪處曾相見」等三支短片；由臺灣基督教門諾會董事長李紫陽牧師、詩人蕭蕭、藝術家黃騰輝分任三支短片的主角。

一張一九六四年的舊照片，提供寫「瞥見他風神俊雅」文宣短片腳本的靈感。照片中救國團文藝營導師鄭愁予面帶微笑坐著，年輕的文青蕭水順半蹲著交談。師生兩人交互注視的神情，彷彿在《史記·孔子世家》的記載中出現過，孔子在周遊列國的旅途中和弟子失散，再聚首時，子貢看到孔子的眼神，孔子欣然而笑的神情；和年輕的文青蕭水順看文藝營導師鄭愁予的眼神，鄭愁予欣然而笑的神情，閱讀的想像與視覺的呈現有著無以名狀的似曾相識。

　　晚年的鄭愁予想著怎麼推己及人幫助成年的自閉症者，有如晚年的孔子望向天邊那個仁字，在人生的仄徑，留個寬廣任人行走。「我的無常觀是與詩俱來的」（鄭愁予在紐約的演講題目）生命不是很長的，都是要奉獻的。詩歌自古以來抒情言志之外，有著溫柔的社會演進力量，「舜作五絃之琴，以歌南風」、「詩可以興觀群怨」。溫柔是力量的一種，借詩歌幫助弱者，是溫柔力量的展現。蕭蕭老師秉持儒者仁心，大力協助音樂會票房的推動。兩位當代現代詩大師在「黃昏裡掛起一盞燈」！

　　「瞥見他風神俊雅」出自湯顯祖《牡丹亭》，我在撰寫文宣短片腳本時，借以形容年輕的文青蕭水順初見仰望的詩人鄭愁予內心的欣喜。「瞥見他風神俊雅」也是蕭蕭老師滿門的桃李仰望蕭蕭老師內心欣喜的寫照。

　　有一次聚會上，詩人相見，鄭愁予一看到蕭蕭出口朗誦：「落日照大旗，馬鳴風蕭蕭。」有著北方男子豪爽健朗氣慨的鄭愁予以杜甫〈後出塞〉名句勾點蕭蕭的筆名。近幾年和蕭蕭老師互動來往，直覺南方男兒氣韻或許更貼切。

　　「蕭蕭如松下風，高而徐引」（《世說新語・容止》）原指晉人歎服嵇康風姿特秀，性情端莊恭謹，好像松下強勁的風聲，從高空緩緩穿林而下。

　　今年是蕭蕭老師引領文壇五十年，就好像蕭蕭風聲穿入松林，緩緩的，有著清香的韻味。

　　「蕭蕭」風聲，徐徐吹拂文壇五十年！

勤播文學種子、深耕詩歌的藝農
——蕭蕭學長

陳麗卿

臺灣彰化員林高中前祕書

　　記得二〇一五年六月蕭蕭學長應邀回母校員林高中參加畢業典禮，校長特邀他上臺致詞，這年距離他高中的畢業典禮正好五十年（1965-2015），學長一開場就風趣地問：「各位學弟妹們，要知道自己五十年後會長甚麼樣子，看看我就知道了！」臺下國文課讀過學長文章的學弟妹們都開心笑了！他們可能心想：「眼前這學長，神采奕奕，笑起來還有兩道酒窩，挺古錐的嘛！但令人敬佩的是，若五十年後能像學長那樣的成就，那是多麼光彩的人生啊！」蕭蕭學長不只是我們「員中之光」，我相信也是「彰化之光」，其文學成就受海內外的重視與研討，更是「臺灣之寶」！在我心中，他是一位數十年勤播文學種子、深耕詩歌的藝農！

一　苦讀少年校園藝文先鋒

　　蕭蕭學長的曾祖父是晚清秀才，祖母常常叮嚀他要向曾祖父看齊，像曾祖父一樣，當個讀書人。所以他心裡一直以曾祖父為學習典範；另外，父親幽默開朗看待生命困境的態度，更激發他在貧困中，保持一股勤奮念書的傻勁，希望日後能有所成，不負長輩的期待，念

茲在茲的向學毅力，是今日青少年學習的榜樣。

　　中學時代的蕭蕭學長幾乎是以圖書館為家的苦讀少年，不只為準備聯考拚讀，也為了能痛快飽覽古典小說、翻譯小說、文學書籍而樂浸其中。一九六二年以優異成績員林初中畢業，學校強力挽留資優生，直升高中部。為了展現直升班和其他班級有所不同，他想多點作為，便提議班上來辦刊物，命名：「《晨曦》」。「晨曦」代表著剛升起的太陽，無限的活力與希望。於是揪一群志同道合的同學，熱情撰稿、邀稿、編輯，現任考試院黃榮村院長，便是當年創刊的好夥伴。總之，高中時代不只是段涵泳圖書館的蠹魚歲月；書，讓天地風雲雷震轟轟然衝進他的腦門，他悠悠然走進異次元世界裡，青春不留白，他們的《晨曦》班刊，也成為後來《員中青年》的前身，串起一屆一屆愛好藝文創作編輯的學弟妹，算來蕭蕭學長是員中八十五年悠久歷史校園的藝文先鋒隊。

二　熱心語教創作不輟著作等身

　　蕭蕭學長高中畢業後，負笈臺北，先後就讀輔仁大學中文系、臺灣師範大學國文研究所。曾任教於中州工專、再興中學、景美女中、北一女中、東吳大學等教職逾三十年，二〇〇四年返故鄉彰化，在明道大學任教十餘年，曾任通識中心主任、中國文學系系主任，二〇一七年七月從人文學院院長職務榮退。

　　從事中學、大學語文教育數十年，除了熱情創意帶動學生親近文學殿堂外，課餘他筆耕不輟，致力於詩歌理論的建構和詩歌的評論、教育與推廣，活力充沛。有關新詩賞析教學讀物，如：《現代詩入門》、《青少年詩話》、《現代詩創作演練》、《現代詩遊戲》、《中學生現代詩手冊》、《新詩體操十四招》等，引導青少年及民眾親近現代詩；

詩學論著如：《從鍾嶸詩品到司空詩品》、《現代詩學》、《臺灣新詩美學》、《現代新詩美學》、《後現代新詩美學》、《空間新詩學》、《新詩創作學》，亦廣受學術界引用。至於現代詩創作，如《舉目》、《悲涼》、《緣無緣》、《雲邊書》、《皈依風皈依松》、《凝神》、《我是西瓜爸爸》、《後更年期的白色憂傷》、《草葉隨意書》、《雲水依依：蕭蕭茶詩集》、《月白風清》、《松下聽濤》、《天風落款的地方》等；散文集更多，如：《太陽神的女兒》、《來時路》、《與白雲同心》、《測字隨想錄》、《忘憂草》、《禪與新的對話》、《放一座山在心中》、《稻香路》、《快樂工程》等不勝枚舉，其中《測字隨想錄》出版後，還掀起港臺兩地測字熱潮。

粗估至二〇二一年底，蕭蕭學長新詩、散文、評論集，加上各類編選文本等，出版應超過一百五十冊以上，「著作等身」這個形容詞實至名歸，學長可以說把整個生命都投入詩歌的世界裡。

每個人一天都只有二十四小時，為何蕭蕭學長能做那麼多的事，他的秘訣在哪？曾聽他說過：「只要夠勤奮，還是能完成許多事。我從十歲到六十歲，每天都是凌晨二點才睡，早上六點就起床，每天只睡四個小時，所以我和大地垂直的時間比別人多，一天能利用的時間也就多了許多，這些時間用來寫作，就很足夠了。」我們南彰化的鄉親謝東閔前副總統曾經說過：「改變工作就是休息。」這句話對他影響很大。他十六歲開始發表新詩，但除了新詩，也寫散文和評論。當寫詩寫累了，或者沒靈感時，他就換寫散文；當散文又沒靈感時，就換寫評論，他就這樣交替著寫，不知不覺就完成了許多作品。

三　承繼磺溪文學精神，返鄉深耕詩歌文學

他說：「彰化『有風沒颱，有雨沒災』，住在彰化的人都很幸運，

彰化是地靈人傑的寶地。我對彰化子弟們有非常大的期許，希望彰化子弟都把自己視作「人傑」，努力地去栽培自己，絕對不能辜負先祖們及彰化這塊土地的培養，『讓彰化走出去，讓世界走進來。』我很希望讓更多人看見彰化，所以這十幾年來，積極辦理濁水溪詩歌節，也參與推動彰化學研究，我們把彰化這個地方當作一門學問來研究，出書詳述彰化地方人文歷史及自然山水的演化過程，為後世子孫留下文獻紀錄，也讓彰化以外的人看見彰化之美。」

承繼過去在大臺北地區豐厚歷練後，二〇〇四年受明道大學邀請，返鄉任教，然後展開一場又一場轟轟烈烈的藝文活動，深耕詩歌文學，就是為了為顯揚彰化文學藝術傳統，承繼磺溪文學精神，提振臺灣新詩風氣。

對高中師生而言，濁水溪詩歌節多元的活動為高中校園增添藝文的芳香，而在明道大學校園舉辦的詩歌朗誦表演賽，融合多元舞臺藝術，也成為我們必參加的盛會，亦從中獲得無數的激勵與歡樂。感謝詩歌饗宴的靈魂蕭蕭學長熱情的推動，我們才有機會徜徉詩歌的天空，活潑發揮創意，並有機會與他校交流學習。每年十月詩歌節活動熱鬧展開，在年少學子的心田裡也悄悄播下文學的種子！去年底我得知一則喜訊：當年參加濁水溪詩歌節詩歌朗誦表演賽的孩子黃柏諺，記得柏諺那組當時取名「小島情穹隊」，榮獲「最佳聲情獎」，大學畢業後，服務於臺北教育廣播電臺，二〇二一年榮獲第五十六屆廣播金鐘獎：《城市的光影》榮獲社會關懷節目、社會關懷節目主持人；還有《聽見愛劇場》也入圍企劃編撰獎。我相信藝文種子與魅力，在一個原本讀數理資優班的青少年心中，已默默在萌芽茁壯！

四　鼓動文學翅膀的不老頑童榮耀非凡

蕭蕭學長曾說：「心與物的交感互動是好詩的基本條件」，其詩作常來自內心跟外境相碰撞的感動。記得二〇一七年明道大學蠡澤湖畔設立「蕭蕭玄思道」，原來蠡澤湖畔是蕭蕭學長教學餘暇常駐足散步尋找靈感創作的地方，明道大學為彰顯蕭蕭對大學教育乃至臺灣文學的貢獻，在他七十歲退休前夕特設立「蕭蕭玄思道」，感謝他一雙強而有力的推手，回故鄉彰化任教十五年，帶領明道大學胼手推展文學活動，從「濁水溪詩歌節」到擘畫的兩岸詩歌交流活動，結合詩與茶、古琴、書法、戲劇等跨領域文學巧思，場場精彩，情韻雋永。心向天地開放，人與純真往來，他用最真誠的情意圓滿成就詩歌文化情緣，創造了人性最美的價值！

蕭蕭詩作與散文作品，常以臺灣風土人情、尊重生命為寫作主軸，流露出對土地與人的關懷；詩評則見出其宏觀視野，對於臺灣現代詩史的建構，貢獻至鉅。蕭蕭學長是個執著而純真的詩人，溫文儒雅，將其自身厚實的生命涵養，編織成文字，傳遞出一種寧靜、自在的禪透，啟悟他人的心智。

過去他曾獲第一屆青年文學獎、金鼎獎（優良圖書獎）、中興文藝獎章（散文獎）、詩運獎、中國文藝協會獎章、五四獎（文學編輯獎）、新詩協會詩教獎等無數榮耀。二〇二一年又榮獲第四十二屆吳三連新詩類文學獎殊榮，「吳三連獎」素有「臺灣諾貝爾獎」之稱，無比榮耀！蕭蕭學長，是員中人的驕傲，母校員林高中以之為榮！

潤澤淨空的美學

——蕭蕭茶詩集《雲水依依》、《雲華無盡藏》

嚴敏菁

臺灣南投暨南國際大學中國語文學系博士生

　　茶需雲霧來釀，詩藉禪理得悟，展讀蕭蕭茶詩集《雲水依依》與《雲華無盡藏》，在溫茶品茶的豐厚中見真淳，也在翻滾烘焙的熱度中見清涼。

　　《雲水依依》詩集共五十一首，以書寫時間先後排列，詩集開頭六首詩作：〈茶葉的心事〉選自一九八二年《悲涼》，字裡行間飽含沖茶的苦澀、山中成長的晦暗心情，以及茶葉在浮沈中找尋自我的艱辛；〈茶與呼吸〉選自一九八九《毫末天地》，詩中蘊釀潛藏著某種契機；〈舒卷〉選自二〇〇八年《草葉隨意書》，散發開展的氣息；〈心之為用大矣哉：以白開水為例證〉、〈舌尖〉、〈震前與震後〉選自二〇一一年《情無限‧思無邪》，〈心之為用大矣哉：以白開水為例證〉有著隨遇而安的泰然，〈舌尖〉則透過肉身書寫，品茶生情，茶思化為女神；〈震前與震後〉可能取材自日本三一一大地震，將茶葉收成視為大地盡展的能量。僅僅六首，已見詩人三十年境界開闊，延展無窮。

　　除上述六首，《雲水依依》的四十五首均屬二〇一一年至二〇一二年新作，更可見詩人圍繞「茶」之主題，散發禪之義理，透視茶葉經過洗練、煎熬而散發人間芬芳。〈茶韻　連作〉共有六首，詩題之間彷彿互相對話般接連；以截句形式呈現的〈逐漸轉涼的茶〉組詩七

首，透過問句自我叩問，召喚讀者，從照見自我、迷失自我、喚醒自我，……一直到「我只是我自己」，對於自我的追尋迴旋疊加，一直到最終呈現「最自然」的我，生命是由繁而簡、逐漸剝落的過程，詩思充滿禪理，意蘊無限。另一組詩〈茶道的 N 種幸福〉共有八首，有著解放的自足與自在，如〈從滿足的幸福〉中所言「七分滿，足矣足矣！」，又如〈回甘的幸福〉所言「喜怒晴雨也不過是火上的輕羽」，或者〈放下的幸福〉中「我在茶裡放下了自己」，詩中有著對人生了悟的喜悅與圓滿。組詩以外，詩中更見風、雲、水、火元素流盪其間，茶承載了大自然的氣息，詩人將之轉化為照見人生的靈光。〈風雲會〉中「水還翻滾在火熱鐵壺中，**輪番翻滾**」，茶需經過如此滾燙的熱水沖泡，彷彿某種歷練，「杯底乾澀的茶葉」才能因而「溫潤／**飄舞**／且展且舒」，詩人更言「盈實的杯是天空無盡」，顛覆邏輯的想像空間，更藉由「無色無味的水滲入茶葉／散發出早春／淡淡的，專屬心靈／專屬於天空、朝露、茶葉、雨水的香芬」，想像「這是天地的風雲際會」，風、雲既借喻茶葉需透過風雲雨霧的滋潤才得以成長，更讓茶與水的遇合提昇至某種人生境界，詩作從壓抑到開展，展現著詩人心境的從容淡定。

　　《雲華無盡藏》詩集共七十九首，涵蓋的的茶種豐富，詩作中更見潤澤與流轉的風景。組詩〈雲華無盡藏・其八〉提到「茶是人心深處的溫潤與芳華」，品茶即是品味自身、也品味這個世界；〈其五〉「心淨空了／把上一世的恩怨情仇都散發了／才會有新的茶香」，照見自身的清明和與和諧；〈其七〉「探頭雲霧間／茶葉拓開眼界不將自己設限」，不設限的豈是茶，更喻人生；〈其九〉「穩住杯／心內就有了天外的光／穩住杯／天外就有了心內的溫潤與芳澤」，人心與世界其實存在互動與共鳴，詩雖為茶而作，實則指向心；〈其一〉「所有顫抖的手／都應該給他一碗圓圓的碗／盛裝茶湯／只要七分滿，六分、

五分、三分／溫溫的，就暖暖了」，茶句雖簡，卻暖心溫厚，茶所映照出的，是詩人對這風塵僕僕的世界，有一份溫暖寬容。

　　《雲華無盡藏》書寫熟悉的茶，〈未必不是烏龍的潤澤〉描繪居住的城市中品茶登山的日常：「遠處一〇一大樓有微塵灰濁，眾／左手可及，淡青芬多精／右手不可觸，乾燥六天的動物體味尚未飄散」，詩人居於城市卻不受紛擾，內心自有安適與清明；〈人生況味港口茶〉不求清雅，「飲茶的茶室就是起居的空間／堆放不拖泥不帶水的農具／眺望裡卻另有一種安怡」，茶裡攙雜著生活的柴米油鹽，茶功夫就在日常。《雲華無盡藏》更將觸角伸向多元的茶種，擴大讀者眼界，體現詩人的書寫功力：〈安化千兩茶〉化身行騎天涯的旅人，從湖南省銷往滇黔與閩粵，也跨海來到臺灣，千兩茶踩裝綑綁後成為圓形柱，詩人形容「長筒的花格篾簍，護身衛體的緊身甲冑」有如包緊全身的閨女，「安化黑茶，千兩的身軀／站起來身高一百六，俠女的英姿／凜凜威風，曠古所未有」，瞬間又化身俠女，千變萬幻的身姿，唯有詩人得以描繪。〈大紅袍系列〉組詩六首，以新婚作為「紅袍」最初的發想，〈大紅袍〉「穿在紅絲絨的心頭蹦跳的旋律軸線／穿在紅娘紅絲絨的手腕上／穿在紅絲絨的松雲間」，詩中滿溢拜堂的喜慶與熱鬧；以觸感、時空、情感形容〈水仙〉的味道：「顯然她是比溫潤厚了一寸多／比海洋單純了一些些／較之於永恆等等／略為苦一點澀一點／近乎單戀片面相思／或者說是近趨百年蒼茫諸如此類」，從多個角度描寫岩茶的滋味，細膩的語言、靈動的描寫處處展現詩人豐富的感受力。

　　蕭蕭以茶詩作為題材，在詩中照見豐厚的生命，詩的語言潤澤自然，境界空靈超越。筆者僅能列舉幾首詩作為評析，而兩本茶詩集實則為「無盡藏」，挑戰茶詩書寫的極限，恰如詩人自身厚實的生命涵養，詩作處處充滿智慧，也給予讀者無盡的省思與想像的空間。

播文學種子不停歇的園丁
——明道校園的蕭蕭院長

盧韻竹

臺灣彰化明道大學前公關暨新聞中心主任

　　詩人蕭蕭，是兩岸文壇名家、重量級詩人，是吳三連獎、新聞局金鼎獎、磺溪文學特別貢獻獎、星雲教育獎等多個重要獎項的得獎人，這位擁有巨量粉絲的明星級詩人，捨棄了許多知名大學的邀請，在二〇〇四年來到了甫成立不久的明道大學中文系，傾注全部心力，帶領年輕老師們精進教學、照護學生，在資源缺乏的環境開創典範！為滿足廣大粉絲的期待，以下就來分享我近距離觀察蕭蕭詩人在明道校園裡的風采。

　　在明道大學，我們對詩人蕭蕭有以下三種稱呼：第一種是蕭蕭院長；第二種是地表最幽默蕭蕭院長；以及碩博士生們認證的第三種：三百六十度拍照無死角的最帥院長，從稱呼上即可得知，蕭蕭院長與同仁、學生相處關係絕沒有上對下的距離感，而是人與人自然而然地親近。院長待人總是親切真誠、溫暖不做作，因為明道大學的人文學院涵蓋了幼兒園到博士班，他細緻關心到每個學制的老師及學生，他把外語系的聖誕天使週擴及到全學院，讓不同系所的師生透過活動自然地熟識；在每年的冬至舉辦聚會，邀請幼兒園的小朋友與大學的大朋友師生同樂，大家粉墨登場演出，意外挖掘出不少老師被教書耽誤的才藝，無論是碩博士班、大學生及幼兒園，都藉由一碗碗暖暖的熱

湯圓，讓人文學院師生的心也團圓了！他還創辦了學院的教師知能研習，帶領全院的老師、職員參訪不同的文化據點，領略生活裡的人文教育與藝術教育。

身為一個「院外人」，與蕭蕭院長的接觸多半是因為各式活動的舉辦，在每次與蕭蕭院長的接觸過程，我發現蕭蕭院長有顆「無私的愛心」，無論是資源的分配，亦或是系所發發展的規劃，他竭盡全力為系所爭取資源、協助各系所發展特色亮點，他告訴老師們，只要是對學生有益的就放手去做，資源的問題他來解決。他搭建雲天平臺，讓全院各系所，即使是幼兒園，都能在他巧思策劃的活動裡成為閃亮的C位主角。蕭蕭院長曾說，他年幼時環境艱困，幸有老師們的協助，才能一路苦學，甚至擔任教職，因此對清苦的學生特別照拂，關心學生的生活病苦；他默默籌募獎助學金、協助學生出版作品，用自己的版稅所得買書，贈送給資源不足的偏鄉或學校，是言教更是身教。

蕭蕭院長是「寫詩」、「評詩」、「編詩」、「教詩」的全方位詩人，更是推動詩歌教育的狂熱分子，辦理彰化的濁水溪詩歌節成為臺灣三大詩歌節之一、為嘉義策畫桃城詩歌節，推動詩歌教育不遺餘力。他把建構臺灣詩學及臺灣新詩美學作為終身職志，在明道校園裡建構了「追風詩牆」，巧妙的利用建築物的廊柱展示臺灣近代詩人的經典詩句、在「人文大樹」，你可以透過燈光品味臺灣女性詩人們的作品、走在「鳳凰詩園」兩種不同石材錯落的地階的同時，也不經意與余光中、鄭愁予的詩歌相遇、在人文學院各處的白色牆面，總在轉角遇到中英日文字書寫的經典詩句的驚喜，他讓詩歌教育不止是在課室裡，而是自然而然地發生在校園的環境中、進入到我們的生活裡。

蕭蕭院長在明道大學任教十四年以上，是學生們心所向慕的講座教授；也是備受老師、同仁愛戴的人文學院院長。在課室裡，他的風趣幽默讓學習充滿愉快的氣氛；在每年的濁水溪詩歌節、各場學術研

討會中，他精彩豐富的指導，讓學生收穫滿盈。他總是從容自在、充滿智慧，為學生與同仁及時送上溫暖與關懷。

在學校成立國學研究所時，院長設立的文學詩歌及書法研究的發展重點，親自參與研究空間的規劃設計，他還捐贈了自己多年來收藏的兩萬多本文學理論相關書籍，以充實詩學研究中心的學術研究文獻，用文學詩心護持學子。在院長退休時，學校特別為蕭蕭院長保留了一間屬於個人的永久性的書房——「蕭蕭書房」，表彰對明道人文教育深具貢獻的院長最大敬意。走進蕭蕭書房，窗外灑落彰化明亮陽光，空間裡總充滿花香及茶香，是明道校園裡院長大人最喜歡的空間，院長回到明道時，總會與老師們一起在書房裡喝茶，討論著如何繼續推動閱讀、讓文學教育向下扎根。對了，差點忘了告訴大家，蕭蕭書房是對外開放的，只要跟系辦公室領取鎖匙，就可以進來參觀、讀書，歡迎大家得空時來明道校園走走，途經蕭蕭書房時，若與院長偶遇，在充滿花香及茶香的氛圍裡一同品茶，聽詩人談詩、談文學喔。

詩心茶心印天心

羅文玲

臺灣彰化明道大學國學研究中心主任

【立春】——遇見純淨茶米心

　　白色，是一種純淨的、靜謐的顏色，不驚擾他人，溫柔中透著靈秀之美。沒有鮮豔的色彩，卻能展示優雅的一面，用一個巧妙的稱呼，完成了從視覺、味覺到心靈感受的全方位撫慰。白色，有莊嚴、典雅、靜穆的美感，也有柔和、恬淡、朦朧的意味。白如雪，潤如玉，透如絹，如美人肌膚一般白淨，如春日早晨一樣甜蜜而清涼，白得剛剛好，白得無法更完美，春日雨水潤澤大地，品讀蕭蕭老師《雲華無盡藏》，素淨的畫面從心底與眼前升起。

〈雲華無盡藏　其六〉

翻過茶經的人認得佳茗
揉過茶菁的人懂得佳人

讀通了三千首蘇東坡
才知道什麼是傾蕩磊落
承接了三千滴晨露入茶

才知道為什麼，從來佳茗似佳人

視覺呈現的是素白淡然的清靜，節氣「立春」，我展布素白色茶席，從花園採下幾朵裸粉的茶花與落下的梅花，一壺茶，就是浩瀚無邊的胸懷涵容雨露，不需打開音樂，讓春天的鳥鳴自然走進來，不需五色繽紛，只讓茶花與文心蘭散發淡淡的香氣，茶席因單純而優雅，一如展讀蕭蕭老師的茶詩。

茶詩裡，帶著淡青淺綠的白，被陽光照到特別明亮的雪白、澄白，也有偏暖色系帶著一點黃的米白、乳白……。在《雲華無盡藏》茶詩呈現的白色不是一個扁平的字。

根據科學資料顯示，白色在視網膜上有四百種，占色譜的最大幅度。白很近似鏡子，反映各種顏色，反映藍，是月白，反映紅，是粉白，珍珠白和玉色的白，也反映不同色溫的光。白又不完全是鏡子，反映各種色相，卻沒有失去自我。

「白」和不同文字組合成千變萬化的詞彙，和女兒柔柔走在春日陽光下，看臺灣大學椰林大道三月的杜鵑，杜鵑映襯著晨光與朝露，呈現多元的白色，彷彿可以領悟張若虛「空裡流霜」的白，或者「汀上白沙看不見」的白。如同雲華無盡藏詩中「承接了三千滴晨露入茶／才知道為什麼，從來佳茗似佳人」「看不見」是白在視覺上的極限嗎？我和女兒在醉月湖攤開一張茶席，在春日晨光下，品著峨嵋的東方美人，望著波光鱗峋，與露水潤澤的嫩綠小葉欖仁，品味著東方美人茶回甘的味道，「從來佳茗似佳人」，回甘好茶真的如佳人讓人舒心。

「白」在東方美術裡從視覺轉向內在的心境，宋代畫面上出現「留白」，「留白」是不畫，但是是比「畫」更重要的存在。領悟了畫面如同生命，都不要塞滿，留一點空間，多一點餘裕。「留白」是心

境上的空白，像一個房間，擺置家具是「有」，不放家具是「空」。我們行走坐臥，有時「有」，有時「空」。

空與不染的心，呈現在〈雲華無盡藏　其九〉當中：

> 穩住杯
> 心內就有了天外的光
>
> 穩住杯
> 天外就有了心內的溫潤與芳華

「穩住杯，心內就有了天外的光」，是視覺的空白。「穩住杯，天外就有了心內的溫潤與芳華」是心靈的留白，「淡」是味覺的留白，「潤澤與芳華」會不會是味覺與觸覺的留白，松濤過處，我嚮往茶香潤澤過後嗅覺上的留白。有一年，隨阿利老師前往閩南師範大學海峽兩岸茶文化課堂，阿利老師獲頒為閩南師範大學茶文化客座教授殊榮，當天午後有一場專場演講，阿利老師是茶道與國際禮儀的老師，他尊重行茶的儀軌，並溫柔提醒所有愛茶的學生，行茶最重要的就是要「穩住杯，內心有光，茶自然會香」，阿利老師更耳提面命提醒「坐得正，才能得人疼」，將人緣好的秘訣，融在「穩住杯」中，是極高明而道中庸的哲學啊，我在作筆記的過程，蕭蕭老師早已經寫成一首詩，完整詮釋阿利老師的茶道精神「穩住杯／天外就有了心內的溫潤與芳華」。

「五色令人目盲，五音令人耳聾」，很老的老子，很早就提醒了感官氾濫的危險，「馳騁畋獵令人心發狂」，目迷五色之後還找得回心靈的留白嗎？能懂「捨得」是「不捨」的另一種留白。

蕭蕭老師的〈雲華無盡藏〉組詩，如喧囂中隱約的迴響，在時空

裏訴說著悠遠的情懷。那些靈動之氣，與春日「雨水」潤澤大地是一
致的，在以白爲底的天地裏，渲染出柔和悅目、溫潤恬靜的美感。如
進入禪詩的長河，舒展奔騰，視覺與思緒都可以無限延伸，是現代詩
中珍貴的靈性之作，靜靜的在午後品讀，總有清明與喜悅在流動。

〈雲華無盡藏　其五〉

壺　淨空了
把上一泡茶的茶氣完全呼出了
才會有新的心境

心　淨空了
把上一世的恩怨情仇都散發了
才會有新的茶香

大夢覺後，窗邊備課，從山那邊，有一行藍鵲有秩序排隊飛來吃麵
包，轉身遠望，天空中幾片白雲才剛飄走呢！山居歲月有群鳥、有白
雲、有茶琴相伴，淡泊從容的生活。新冠肺炎讓全球航空近乎停擺，
這是天災也罷，人禍也好，「心　淨空了，把上一世的恩怨情仇都散
發了，才會有新的茶香」。

　　蕭蕭老師這樣的轉念，寫下的詩句，敲醒了昏沉的靈魂，讓娑婆
塵勞，瞬間安定，因為喝茶，讓心也淨空。這也想起曾在湖北黃州幽
居的蘇軾看透人世——「微渺如螻蟻，無常似羽毛」。他走在空白之
道，讓自己在心靈安寧中，探索生命真相。黃州，東坡閉門謝客，焚
香靜坐，沉思自省、向內探索。這段東坡寫了黃州時人生的思考，
《安國寺記》中一段文字：「深自省察，則吾我兩忘，身心皆空。求

罪垢所從生而不可得。一念清淨，染污自落。」相隔千年，蕭蕭老師與東坡，竟有一致清淨心。

【雨水】──感覺寧靜詩心

我讀〈雲華無盡藏〉傳遞詩心與禪心繫連的幾個向度：禪是宗教，禪是思想，禪是生活，禪是藝術；禪更是一種智慧。

禪是梵文「禪那」（dhyana）漢語意譯為「思維修」，或者是「禪定」，本是古代印度宗教普遍採用的方法，作為調御身心正審思慮的法門。

禪宗的根本精神是不立文字，見性成佛，從佛性之不可言說，進一步認為一切思想、感情、意念、感覺等都是不可言說的，一旦說出，就成為相對的，無法完全表達其本意。

（一）詩心，茶心：內心的契悟

禪宗本是高度主觀化的哲學，境由心起，物由心生，「心生則種種法生，心滅則種種法滅。」這是禪宗典籍中常見的語句。詩歌則是個藝術部類中，最重視性靈的表現方式。蕭蕭老師茶詩就有這樣的特質，花與樹對話，風與松對談，萬物皆與人化作一體，融合為一，如：

〈雲華無盡藏　其三〉

樹顛開的花
不會瞬間凋謝

雲間開的花

　那樣凝神──凝珠──凝露

　哪會只讓雲間的長袖沾濡餘香？

　　禪的最高境界是放棄一切語言，但是落實在傳法過程中，為了指
點迷津，又不能離開語言，於是，禪師在語言的選擇上，詩歌在語言
的運用上給予讀者充分想像的空間，使作品具有言外之意。蕭蕭老師
的禪詩常有意在言外的生命啟發，特別喜歡〈茶之靈〉七首組詩，完
全打破有情眾生與無情的自然的，茶與人的對話，茶有生命，可以思
考，更可以說法，有著「靈魂能深到哪裡，水一無所知，茶清楚」，
茶擬人化了，化做一種生命思考的精靈，專注人生的晴喜雨悲，面對
變化多端無常的人生，有另一種深度省思與思考，每一首詩都可稱是
經典之作，應該將七首作品串起來閱讀思考。

　　〈茶之靈　1〉

　茶的指尖，來來

　回回，觸摸絲綢的靈魂

　　〈茶之靈　2〉

　靈魂能深到哪裡

　水一無所知，茶清楚

〈茶之靈 3〉

情不知何所依
因著茶，深入靈魂深深處

〈茶之靈 4〉

雲是水與風的女兒
隨茶魂而成形，而形變而形隱

〈茶之靈 5〉

高溫釋韻時低音回神
茶的歌就這樣螺旋你的靈魂

〈茶之靈 6〉

常溫凝香
靈魂也靜聽茶音　且迴旋且清亮

〈茶之靈 7〉

一如高音清揚
茶　一再抖動她的靈魂的外衣

禪與詩在傳達方式以及創作手法上，特別注重比喻和象徵，這和

語言的運用是互相聯繫的，說禪寫詩都需要機智，「高溫釋韻時低音回神／茶的歌就這樣螺旋你的靈魂」「常溫凝香／靈魂也靜聽茶音且迴旋且清亮」擅於比喻和象徵是高度智慧的表現，老師用茶在一百度的熱水中才能釋放茶韻，在低溫中有冷凝香，茶如人生，最美好的詮釋啊。不論是注重內心契悟，還是在語言比喻、象徵等方面的特色，蕭蕭的詩中融入行茶過程，茶和人生的連結，有許多對生活以及生命的省思與體會。

（二）思與情相依

〈雲華無盡藏　其八〉

嘶吼的風會從天外欺身而臨
——茶是人心深處的溫潤與芳華
絲毫不能慌亂

欺身的風也會從四周遠颺到天外
——我是人心深處的溫潤與芳華
穩住自己才能讓喝茶的人穩住自己的杯

詩人選擇了意象語言，用比興的手法依意取象，藉象含意，用意象去創造境界，使意與象融合為一，避免文字誤導的弊病，將讀者引入境界之中，用心靈直接去感受，領悟自性，如此一來，「嘶吼的風會從天外欺身而臨「茶是人心深處的溫潤與芳華／絲毫不能慌亂」。用比興的手法托物寫景，而景物之外別有深意，使詩的內涵超越具體物象與語言文字的表面意義，掌握常理所不能及的精蘊，讓讀者在不可思議的玄奧處領悟茶心。

　　突破景物的表象，則領悟之後的境界，自由自在，心不隨物轉而超然物外，大自然既是外在物象，也是內心的幻化。必須破除對物象的執著，通過喝茶觀照自心。

　　用比興手法作詩，意象是經過選擇的。大自然中最能表現清曠閑適的意象如幽谷、荒寺、白雲、月夜、寒松，常出現於詩中，「嘶吼的風」「欺身的風」這些意象取之於大自然，而表達出來的卻又不完全是橫陳在我們眼前的大自然，其中更多是對內心世界的觀照。

【清明】——詩心印天心

　　蕭蕭老師獲頒二〇二一年吳三連文學獎的殊榮，清楚記得二〇二一年十一月十五日下午頒獎當天，剛動過心臟瓣膜置換大手術不到十天的老師，穿著鐵衣忍著傷口疼痛緩步走上頒獎臺，握著麥克風的雙手嚴重顫抖，但是他依然沉穩的做了五分鐘生動完善的感言，我看見嚴重抖動的手，更聽見老師傳遞出對文學前輩的尊重與感恩，剛剛動完大手術，依然勇敢的一步一步走上頒獎臺，這豈止是勇者的示範而已啊，有更多老師五十年文壇耕耘的厚實。

〈雲華無盡藏　其一〉

所有的天涯
都會懸著一顆要落
不落
昏黃的日頭
趕路或不趕路的遊子都有抬頭的時候

所有顫抖的手

都應該給他一碗圓圓的碗

盛裝茶湯

只要七分滿，六分、五分、三分

溫溫的，就暖暖了

山河大地、星辰日月無不體現著清淨的心境，人心中也有山河大地、星辰日月，透過意象的呈現，若能看出物象的虛妄而頓悟本心，便可解脫自在。

綜觀蕭蕭老師四十年來的創作，也有這樣的特質，多達三分之二的詩作是小詩的形式，將組詩系列的作品也視作小詩來看，這些詩作都在百字以內或是十行以下，有些詩作一題多寫，如〈河邊那棵樹〉、〈我心中那頭牛啊〉系列，〈雲華無盡藏〉的系列作品，都能自然圓融自如，且含蘊豐富的禪思與禪趣。「探頭雲霧間／茶葉拓開眼界不將自己設限」老師就是拓開眼界不將自我設限的典範，不只寫詩，評論詩，也寫散文，編寫國文教科書，在文學與創作多元的展現，圓融自如。

〈雲華無盡藏　其七〉

探頭雲霧間

茶葉拓開眼界不將自己設限

日昇時會有偶爾的雲霧過路

日落處

即使沒有彩霞我們也會尋空沉思

　　蕭蕭老師在詩中流露出一般人可能經歷的寂寞與憂傷經驗，但是在詩人筆下，這些憂傷與寂寞的情緒都可以通過「茶葉也會設想重重的粗礪層層的酷寒」，輕輕地放下，如花瓣落下不著痕跡。

〈雲華無盡藏　其四〉

養壺的人不一定是念佛的人
但他們淨做著　相同的
潤澤的事

泡茶的人不一定裹著儒巾
但他們信奉同一位
潤澤的神

種茶的人不一定欣賞精油
但他們沉醉於相同的
潤澤的香氛

讀茶詩的人不一定境界高
但他們竟日裡　呼吸著
高端的潤澤美學

禪為詩家切玉刀，詩為禪家添花錦，禪是哲思的思考，清明的分析，將禪思融入作品之中，可以增添作品的深度，〈雲華無盡藏〉提到潤澤美學，茶的潤澤與芳華，當人的心遇見外面的困頓苦難時，詩人的心卻尋思並尋找生命的出口，自在淡定。

〈讓乾坤坐下來〉

這布製的席　顏色素樸
可以讓整個乾坤靜靜坐下來

那布置茶席的玉手正輕輕提起
沉沉的鐵壺

　　蕭蕭老師用現代詩歌的方式，呈現茶心與禪思，輕輕敲開一扇
窗，讓茶溫潤人心也交會出一道心光。在視覺上，帶給讀者一種在春
日聽雨，煮一壺茶在山林靜思的感覺，靜靜地傳達出一種生命的美
好。如春日雨後天晴時，透過落地窗灑落的溫暖，是「可以讓整個乾
坤靜靜坐下來」的感覺。

三
系所研究生的欣慕嚮往

回凡

吳清海

臺灣雲林虎尾高中教師

　　有一種茶稱「回凡」，是屬蕭蕭老師課堂。老師的飲茶，將學生喝成了有年輪的茶樹。他的課堂總有羅文玲師親沏的茶，上課、喝茶、談笑風生中，切切感受隱身茶後的時空秘密，及橫跨時空中的繁華落盡。面對一片茶葉，老師的茶，喝茶就是喝茶。

　　初識茶味是童年農田勞務中，含茶枝的茶葉沖泡在一個大茶壺，那樣的茶只求解渴，那樣的茶與勞動搭配得和諧無違。汗滴禾下土，一杯杯深褐的液體，進入身體，像飲進一片土地的養分。艱辛的年代，茶枝茶是群策群力的勞動與分享，粗俗的茶枝茶飽含人與土地的味道，它得以解生命的渴，也擔起生命的重。此時的茶是在花生田、秧苗田、甘蔗田，飲美好的滋味。

　　開門七件事——柴米油鹽醬醋茶，前六項是民以食為天的基礎，人們心中的位置始終都是重中之重，茶總是隱身，它像奢侈品而非必需品，茶不炫技，它始終保持默然，一如自然，只有在務農時分才出現，那種喝茶還真是喝茶。

　　再識茶味，是文玲老師的茶席，喝茶時的「禮、和、敬、樂」讓喝茶這事莊嚴且莊重，喝茶是學問亦是做人。心中有禮才能有和，態度恭敬了自然有樂趣。除了喝茶，老師將茶帶入了唐詩宋詞的殿堂，告訴學生茶的遊蹤，茶隨著佛法東渡到了日本，煎茶、抹茶道被發揚

光大；也由茶馬古道，進入遊牧民族的國度，成了生命之飲；它登上大航海時代的飛剪船，開啟危險航程，也因它發動殘酷的戰爭。最終英國人開始以下午茶的雅致，讓世界不再飛奔，時間為它而停佇，飲茶成了生活中的一種信仰，在世界各地生根。

文玲老師的飲茶，課堂因一盞茶的時光而感到某種完好，歲月似乎釀成茶的味道，一碗茶湯，有幾千年的韻味，呼吸著自然，散發出精神的清香，每一個人都在修行屬於自己的茶色，等著完成生命中最後的一次涅槃。此時的喝茶不只喝茶。

蕭蕭老師座下五年，老師說：「雲水依依，我是安心等待烘焙的一葉茶。」他不只是一葉茶而是株古老的大紅袍，可遠觀，可療病，更可解憂，紅而不紅是茶之德，正像莊子書中其大蔽數千牛，絜之百圍的櫟社樹，展現著材而不材，不材是材。他也是那杯水仙，說著：「眾水之中如果想要成仙，那就微微仰頭提頸，三十五度的仰角可以看見，比天空朗爽的天空。」老師的茶詩中有想像，有提神，有現實生活，更有遠方。他是那天空，是朗爽，要學生不被生活逼得垂頭喪氣，只活在生活的苟且，默默提挈，只要微微，微微仰頭提頸，是仙，一如回頭，回頭是岸見佛。遠方，都在等待著每個人各自的美好。他像黃觀音，穩穩坐在心頭，觀其音聲，揚眉是慈悲，瞬目是喜捨，說著世上音聲，醒覺著各自心頭音聲，隨類各得其解。

課堂深刻的三事之一，他略嚴肅地告訴文玲師不要提及所贈或所泡的茶多珍貴，讓飲者自得其味。第一次喝白茶是文玲老師親手所沏，大紅袍、水仙等亦出自她之手，自是珍貴、珍重且珍惜，她所贈茶葉經年不忍泡，感謝與感動外，總時時動念於師生的一期一會。心動了，就為外境所縛，所飲之茶無法喝到茶味，而是喝了提攜的師情與師恩。心字有三點，代表著過去心、現在心、未來心，《金剛經》說：「過去心不可得，現在心不可得，未來心不可得」，二心讓人不安

心也不專心，離三心的虛妄和攀緣，不執著於世間的好壞、蚩妍、高下，於味離味，念念無念，才是茶滋味。

一心直去，穿透了茶的價值、價格，專注的念念，必有真心的回響，回響是自茶葉在風中搖曳，雨裡招搖，身體就有著風的穿透，雨的洗禮。此時茶雖非茶亦是茶。

深刻第二事，一回課堂的茶，旁邊多出了茶點，是同學自家的花生，老師請大家共食，而他吃六粒即止，師食堅果一天量不過六粒。這對只吃其量不知其味的我而言，不只醍醐灌頂，還是當下棒喝。我總以為詩人浪漫、詩意和豪邁，一住情深且奮不顧身，老師以身教破我迷障，我相既破，才了解詩人是認識自己的，節制的功夫就是回歸本來面目的途徑。柏拉圖所云：「節制是人生最大的美德」，我以為理性看待世界是哲學家的專項，殊不知老師的詩人情深詞美感性中，更含藏理性言說體悟的真理。

上老師的課總覺一份特殊的安心，此刻才明白這來自於老師節制的美德，因為這般美德，讓彼此信任，也恍然知曉老師身上那份自由，來自於生活的自律，自在源於慾望的節制。

學生若是茶，蕭老師便是善於轉化我們的妙手，他說法時，調節了不同學生的情緒和脾味，浮燥一一轉為寧靜。不說法時，又可將一葉茶化為五顏六色（黑、白、青、黃、紅、綠）的茶。有人像沒經過發酵製程所作的綠茶，只要殺青、揉捻、乾燥就能產生香高、味醇、形美。有的是10～20%微發酵，經過悶堆渥黃，是黃茶，它的柔和無可取代。學生氣質天真的則像不炒不揉，只將細嫩、葉背滿是茸毛的茶葉曬乾或是用文火烘乾，那是白茶，保留自然原味。多發好思的學生像千變萬化香氣是烏龍，30～60%半發酵茶，稱名青茶。粗之大葉的學生，得揉捻又揉捻，溜了又溜，又經渥堆100%發酵，積發時間的漫長，才成黑茶，玄而又玄的變化，化了在野一方的學子，是老師

太陽之手搓捻著，讓我們在他掌中，在歲月下起了千變萬化。

第三事是在《二十四詩品》的課，某回老師活用司空圖評詩的二十四種風格化入茶飲，在另立的八種風格——「潤心」、「通神」、「融真」、「留淳」、「涵天」、「探玄」、「入安」及「回凡」中，要學生找出相應於心的氣性，在各以毛筆直書三尺宣上。文哲組的我拿起大筆真如椽，了無王珣所言「此當有大手筆事。」手抖得遲久不能下筆，蕭老師一語「平常心寫便好」若定海神針，最終我如跳蚤跳、像蟑螂飛的「回凡」二字，似也便好，因見凡字一點心。一心是老師要我學通的課題，回三心為一心，轉二意為一意，一心一意中，趣入老師的身語意，了悟那天包地容，沒有執著，所有顏色皆蘊藏自性中。

人生幸事，受蕭蕭老師薰習五年，看著老師喝茶，談著生命中的小事，一一化為茶湯，滋潤靈魂。他的小事開我慧眼，他的茶，喝茶只是喝茶，既不簡單，也那麼簡單。我們在他掌中和身上，見識了融和、包容、轉化，學會善待及一種名之為溫暖的態度。他讓簡單而複雜的一片茶，帶我們由複雜回歸簡單。

老師說茶也說人，說茶「從火裡來，再到水中去，也不過熬來一身苦澀，沖出一身苦澀。」我明白人生如茶，苦雖是一輩子，沸熱只是一陣子，生命或有苦，因老師的點撥而無有苦受，火來水去，苦澀過後，能解生命之渴，能展雲破天青之色。

仰望鳳梨樹下的詩人

陳秋衛

臺灣苗栗新興國小教師

> 從小我就養成了熬夜的習慣，十年寒窗，我心中這樣想，十年
> 寒窗該會有一番成就吧！

在國小五年級下學期課本中，讀到蕭蕭老師〈憨孫耶，好去睏啊！〉這篇散文中的話語，讓我非常好奇，一個小學年紀的孩子，便立下這麼深的志願，要十年歲月的堅持可不是玩笑啊！小學的孩子要努力唸書到下一次月考都有點難，多在玩完「尫仔標」，彈完「彈珠」，一切應該就忘記了，要堅持十年，談何容易呢！但在明道大學博士班蕭蕭老師的課程中，見到他爽朗的笑容，聽他說起自己是「鳳梨樹下長大的孩子」，我才深深堅信，那個跟阿嬤說：「讀完下一頁再睡」的小學生，寒窗苦讀堅持了何止十年。

「鳳梨樹」下長大的孩子，鳳梨，只是不及腰部高的植物，鳳梨豈會是樹？老師怎會是鳳梨樹下長大的孩子？他出生在八卦山山腳下，應該是像《撫觸靈魂風的風衣》新詩書中介紹自己，是吃龍吃鳳（吃龍眼吃鳳梨）一樣，玩文字遊戲，所以他應該是吃著鳳梨，在龍眼樹下長大的孩子吧！詩人的想法往往與我們所想的不會一樣，語言與文字，在他們心中就如同珠子一般，隨他們揀色串聯，就可以成為不同風格的藝術品。然而他卻說：「小時候的自己，是睡在鳳梨園的

走道中，大人工作時放在這裡比較涼爽，向上望去，鳳梨就像樹一樣高大……。」所以像樹一樣高大的鳳梨是這樣守護他長大，風與泥土地，就是他身體的一部分，讀他的詩可以感受到濃濃的家鄉情感，對生命的尊重，也能讓人再次看見兒時鄉下農村生活的樣貌，那些曾經發生在你我身邊的往事。

　　我常想蕭蕭老師的心中裝載的是什麼？腦海中思索的是什麼？也許是作家與詩人不止對文字與語言較一般人敏感，相信感官也比起一般人更加銳利，且五觀也能察覺我們所看不到的頻譜吧！他在〈古琴村的老樟樹〉詩中說：

　　　淙淙而來的是溪水的過去，潺潺而去的是溪水的未來。

　　溪水不就是溪水嗎？他也能看到過去式與未來式，在福建的龍人古琴村，我就坐在老師旁邊，望著溪水，我也望著呢！我還看了荷花，聽見了鳥叫，還被蚊子叮了一大包，怎沒看到溪水的前世今生。他又說：

　　　風定了，香遠了，花──落了，我還聞得到花離開花托那不捨的氣息。

　　而我只有聞到荷花的香氣，與樟樹流露出來的味道，要聞得到花離開花托的氣息？這些對我，人生真的太難了！

　　能夠跟在老師身邊學習，與由文字中去領悟是不同的兩種感受，在課堂中看著老師親切的笑容，在幽默的話語中帶領我們進行，多少能夠緩和一些困難。上到道家的課程，便會談到老莊的思想、中國的哲學觀與人與自然的關係，老子通過對萬物長期而細緻入微的觀察，

提出「萬物負陰而抱陽。」說著說著老師問：「有陰就有陽，有雄性就有雌性，你們都知道英雄樹，那是木棉，那有沒有美人樹呢？是什麼？」詩人就是詩人，果然思緒很跳tone，我們一邊思索一邊撓著腦袋，長這麼大，從來也沒想過這個問題，真的有這樣的樹嗎？該不會又像是《天風落款的地方》書中寫的：

　　高山的心臟所吐出的瀑布聲，時間的氣管所汲引的呼吸聲吧！

同學七嘴八舌討論半天，原來真的有美人樹耶，她與木棉同屬木棉科，在高速公路三義段有一整排，花期時粉紅色花朵掛滿樹上，比起英雄樹的疏落與陽剛的氣息，美人樹更顯嬌豔，而其枝幹上佈滿的刺，比起英雄樹更顯得細且密，這些都非常符合美人艷麗且多刺的特點。經老師這一說，我突然領悟，詩人的思緒比我們更寬更廣，習慣覺察更細微之處，而這些也應該就是蕭蕭老師，能夠寫出這麼多細膩詩文的原因吧！

《亂中有序》一書「作者簡介」中說：

　　蕭蕭老師，大約是臺灣新詩壇被稱為老師的詩人中，最為名實相符的一位，三十二年的中學教師、十四年的大學教授經歷。

對身為小學教師二十多年，步入教書生涯後期的我，他的教學觀讓我看來格外有感覺。回想初入教職生涯的我，幾乎將所有的時間都給了學生，無論有沒有站導護，日出七點多便到校，只擔心太早到校的孩子沒人陪伴，有危險性也浪費了早晨的時光，早早到校陪他們讀書寫字，聊聊他們在家的情況也好，下午下班後將進度落後的孩子留下來義務輔導，希望他們能跟上進度，轉眼過去他們已成為父母，而

我卻教著教著對未來開始迷惘，逐漸找不到自己的方向。蕭蕭老師說：

> 一個真正的老師是學到老、活到老，活到老、教到老，教書是
> 一生的志業，因為他們在教學生『學生』，教人家也教自己學
> 習活下去、活出自己，活下來、活出自在。

　　此時的我，應該要像老師所說，更需要讓自己學會如何活下去，
活出自己、也活出自在。

　　有幸在明道大學遇到教科書中所寫的作家，親身仰望鳳梨樹下的
詩人，學習詩學與哲理，學習如何面對自己與面對未來的人生，蕭蕭
老師不只是傳道、授業與解惑，他更引導我真誠且認真的感受生命，
面對生命，也更溫柔的對待身邊的一切事物。

開心詩人蕭蕭

楊哲忠

臺灣彰化明道大學中華文化與傳播學系博士生

　　明道大學中華文化與傳播學系第一學期課程安排了詩話專題，因為疫情關係延後了許久才到學校上課，蕭蕭老師說：「能來上課很開心，可是我要去開心了，要去作心臟手術。」第一節上課大家都很驚訝一位博學的謙謙君子，講話詼諧又幽默的長者，面對開心手術的生死交關還能開心，這是如何的豁達。

　　蕭蕭老師的自我介紹──歌迷眼中的蕭蕭：香港女歌手；中文系眼中的蕭蕭：「風蕭蕭兮易水寒，壯士一去兮不復還！」《史記·刺客列傳》；布袋戲迷耳朵裡的風蕭蕭：「風蕭蕭兮，易水寒，壯士一去，不復還，不復還；一頁留名千古傳，策馬風雲萬重山；自古英雄憂鬱寡歡，蒼然一怒不膽寒；…」《黃妃主唱〈風蕭蕭〉》；老一輩文青眼中的蕭蕭《湘女蕭蕭》；現代詩人眼中的蕭蕭《現代新詩美學》、《臺灣新詩美學》、《後現代新詩美學》。「老學究」如此的自我介紹，通古今又雅俗兼具真是令人印象深刻。

　　初識蕭蕭老師是在羅文玲老師的國學研究所辦公室，羅老師向我介紹了蕭蕭老師，還有蕭蕭老師的大茶碗，通常都聽說大碗喝酒、大口吃肉，蕭蕭老師卻用大杯碗喝茶，也難怪二〇二〇年七月出版《無法馴養的風》〈我心中那頭牛啊〉以現代詩詮釋普明禪師《牧牛圖頌》、廓庵禪師《十牛圖頌》，蕭蕭老師的詩心是否跟臺灣水牛一樣默

默地在華人文壇耕耘。

　　一九九二年蕭蕭老師參與了「臺灣詩學季刊雜誌社」的創辦，更擔任《臺灣詩學》主編，長年不斷在建構現代詩學體系，所追求的是閱讀詩的當下，蕭蕭老師追求的當下猶如禪宗的活在當下，把握當下，又如日本茶道所稱一期一會，相對於詩人與讀者之間的際遇，心靈與文字的神會，並落實在評論中乃「知人論世、以意逆志」的中國詩學傳統。臺灣諺語云「風水、茶、詩，懂得無幾人」，正因為相信詩應該是「讓讀者與詩人共享彼岸的佳境」，所以蕭蕭老師特別重視一般讀者如何具備欣賞現代詩的先備知識，使得蕭蕭老師成為國內最早投入推廣新詩的論者之一。[1]

　　二〇一二年十二月蕭蕭老師出版了第一本茶詩集《雲水依依·蕭蕭茶詩集》，二〇一四年四月，由閩南師範大學、明道大學、廈門大學聯合主辦，以「詩、茶與閩南文化」為主題的二〇一四閩南詩歌節，其中一個專題是「蕭蕭茶詩朗誦會」[2]，更是海峽兩岸閩南文人一起向現代詩人蕭蕭致敬。

　　江俊亮曾說：「率先將茶詩輯錄成集者，古體須屬趙樸初《詠茶詩集》，現代詩則當推《雲水依依·蕭蕭茶詩集》，字裡行間所展現的幽默、冥想與自在，無非來自對人生境遇的體味，以及每個毛孔中對茶韻的體驗。…」。[3] 羅文玲老師說：「蕭蕭老師用自然的詩心，深深凝視每一枚茶芽、一碗茶湯。用『文心』溫暖『茶心』。在滿溢的瓷杯中領悟『慈悲』，在空白的陶碗中領悟『空白』。品味茶香，化作詩

1　參見陳政彥：〈泰山不讓，故成其大〉《國文天地》第33卷第7期（2017年12月），頁45-50。

2　參見黃金明：〈跨領域、跨海域，詩學與詩藝在海峽兩岸一起發光且發亮〉《國文天地》第33卷第7期（2017年12月），頁15-20。

3　參見江俊亮：〈品茶能適意，妙言可清心〉《雲水依依·蕭蕭茶詩集》（臺北市：秀威資訊科技公司，2012年12月），頁139-140。

句，隨文人『觀』，品『茶』在生命中恬安淡泊、清淨自適」。[4]

二〇二〇年九月蕭蕭老師出版了第二本茶詩集《雲華無盡藏》，雲華也是茶的美稱，出自唐代皮日休〈寒日書齋即事〉：「深夜數甌唯柏葉，清晨一器是雲華。」以柏葉代酒、雲華喻茶。有茶山、茶園、茶種、茶葉的自然觀察，有茶品、茶湯、茶器、茶甌的美學體驗，有解渴的肉體需求、也有解語的心靈讚嘆，有解脫桎梏的生命思考，也有解悟大道的茶禪境界。[5]

「品茶」或獨酌、或對飲，身入佳境、心出自然。品茶是暫時放下俗事，……「悟茶」，事茶人與品茶人之悟道，無非是「拿起」暫時與「放下」時長，猶如讀詩在頓悟的一瞬間感受詩人所設定的意境。[6]

詩人蕭蕭老師將對於土地與環境的熱愛及情感投射於詩境，將感受、體會或情緒，透過作品所生成意境的作用，把詩人心中的感受、體會或情緒，形象化的意境傳達、呈現在讀者面前，如果說「情」是境的靈魂，那麼「境」就是情的載體，而詩就是將兩者虛無的譬喻有機地統合在一起的產物；品詩者以心換心緣著詩境可再現詩人作詩當時的感情。[7]

幾十年來，蕭蕭老師從事詩作、詩評、詩話、教學，以「臺灣」、「詩學」為主體、為基地，在現代詩田裡耕耘，但不以「臺灣」、「詩學」為拘限，不以「臺灣」、「詩學」為滿足，蕭蕭為華文新

4　參見羅文玲：〈行旅在茶與詩之間〉《雲水依依‧蕭蕭茶詩集》（臺北市：秀威資訊科技公司，2012年12月），頁141。

5　編輯部：〈出版緣起〉《雲華無盡藏》（新北市：遠景出版事業公司，2020年9月），頁4-5。

6　參見李阿利、羅文玲：〈茶一樣的詩、道一樣的神〉《雲華無盡藏》（新北市：遠景出版事業公司，2020年9月），頁156。

7　參見2021年12月20日查詢電子網路：〈略論皎然的意境說及其影響〉《GETIT01.com》，網址https://www.getit01.com/p201806072774504/

詩界及所有熱愛現代詩的朋友，無分海內外華人貢獻出跨領域、跨海域的詩學與詩藝。

　　碩士論文口考時，蕭蕭老師考問：「你為什麼把《周易》寫成是占卜者的書」。我心思索著，老師您是文壇的大人，精通中華文史哲學，《周易》在中華文化與文學的殿堂裡具有崇高地位，充滿著深奧的哲理，豐富了華夏子民的文化。小子僅是從占卜的角度從歷史文獻記錄中，不帶有過多哲理思考、如實探討；您以長者之心給予小子指正與鼓勵。

　　開心詩人蕭蕭老師，如同布袋戲劇中的人物在臺灣詩學華麗登場，於二〇二一年，獲得第四十二屆吳三連文學獎披上榮耀的錦袍，沒有因為開心而被擊潰，仍然站立在文壇上為臺灣詩學作出貢獻。蕭蕭師言：

　　　　期望在
　　　　有情有義
　　　　有詩有文
　　　　　　的地方
　　　　與你再相見

如一的蕭蕭

林鴻源

臺灣臺南市學東國小教師

會成為蕭蕭老師的學生，得從明道大學的博士班說起。在我還沒調整好步調，心中還嘀咕著要怎麼面對久違的學生生活時，一踏進教室，就成為遇見蕭蕭老師的起點。

「不著一字，盡得風流」的蕭蕭

猶記得踏進教室時，已然遲到。此時，個個同學早已做完自我介紹，而蕭蕭老師呢，早進入狀況，就著「詩話與詞話」滔滔不絕講述著，顯然的，這時的我是一個陌生的旁聽者，才準備將蕭蕭老師的形象具體化。

直到下課期間，在秀華學姐的幫助下，領了書，才有了安定與歸屬感。

緊接著，第二堂課立馬來臨，剛開始接觸蕭蕭老師時，還不能領略「跑野馬」上課方式的精粹，只覺得老師上課向度很廣。上課時，只要講到一個詞，就馬上叉開，往另一個向度發展，本來以為和課題無關，扯遠了。但當老師回到主題後，一回神，才發現原來剛剛的旁門左道，原來是蕭蕭老師從象牙燈塔上所射出一道光芒，引領著我們在學海前進。只見，蕭蕭老師若無其事，繼續滔滔不絕地講述著課程。

某一天，快要下課時，老師又丟出來一句，下一節我們到蕭蕭書房上課吧。到了書房，正訝異著藏書豐富與典雅氣息時，老師又心血來潮的說，我們來照相吧！在蕭蕭書房的窗前，老師瞬間成了攝影師，說道，在這個窗前，要把手倚在桌面，呈45度角拍過去才漂亮。坐在沙發時，要以整面書牆當成背景，才能展現文人氣息。在「蕭蕭書房」裡，還有一個推薦景——冰裂窗花，原來這窗花，也暗藏著勉勵學生的用義，要學生們做學問，得在無疑處存疑，智慧花朵才能破冰而出，展現研究的盎然生機。接著老師一帶，順口提到，歡迎同學們來「蕭蕭書房」看書，能空出一天來「蕭蕭書房」好好看書是個不錯的主意。暗想，好一個蕭蕭書房，好一個蕭蕭老師，不知不覺就被圈粉了。

這時我想到的蕭蕭老師，是「不著一字，盡得風流」的蕭蕭。

「為自己時，並不妨害為別人；為別人時，並不妨害為自己」的蕭蕭

蕭蕭老師的善於關懷人，也是在課堂上自然而然的流露出來。有一次老師提到香蕉，來自北方的思航學長表示沒看過香蕉樹，於是同學你一言我一語的討論起哪裡可以看到香蕉樹來著。接著，老師說道，班上有些同學來自遠方，身在臺灣的同學就是主人，應該要好好招待這些同學。那時還不知這是伏筆。下次上課，老師直接說：下週下課後，全班來去「星月天空」餐廳聚餐，蕭蕭老師請客，由素甄和秀鳳同學來聯絡。原來，蕭蕭老師不只是諄諄教誨而已，更有著風般的迅疾動作。

有次上課時，老師提到松柏嶺的地名，心想，不就是常見的地名罷了。接下來，老師又開始「跑野馬」了，說松柏嶺早期又叫做「松

柏坑」，但你們不覺得奇怪嗎？松柏嶺上明明是茶樹、農田居多，沒有蒼松，也不見翠柏，為什麼卻叫做松柏嶺呢？等蕭蕭老師揭曉後，我們才恍然大悟，原來「千百坑」才是最早，也最貼切的地名，因為遠望時，現今的松柏嶺就像是有千百個坑洞般灑落在丘陵間，才因此得名。

蕭蕭老師對長輩的孺慕之情，偶爾也會在課堂上自然而然的流露。自栩「吃龍吃鳳」長大的蕭蕭老師，提到父親曾教過他認識一個複雜的中文字，臺語口訣是：「言糸糸，馬長長，心月戈，走馬仔攑（giah）大刀」，說這就是古字「一」。而蕭蕭老師那小名「ㄚ勢」的母親，因為名字中有個「皎」，老師解釋完「皎」字的空靈與虛室生白的美學觀點後，講題順理成章就延伸到詩僧皎然那兒。其他上課時提到的葉嘉瑩教授、張秀亞教授等等人、事、物，這些都是蕭蕭老師不經意間就流露出對土地與人的關懷。

這時我想到的蕭蕭老師，是說出「當為自己的時候，並不妨害為別人；當為別人的時候，並不妨害為自己。」的蕭蕭。

「連血管也比一般人努力」的蕭蕭

蕭蕭老師在課堂上，時不時提起作學問該有的努力，舉自己為例，說他曾經兼差好幾份工作，開設報紙上測字專欄，編輯教科書，並在八年短短時間內由講師、助理教授、副教授、到教授的升等過程，這些輕描淡寫的述說，隱藏著拚命過的足跡，笑談中有著一貫的蕭式幽默。

如果單純作一個讀者，閱讀老師的詩作會因為作品中常出現的禪味而以為蕭蕭老師是一個偏向道家、佛家的名家。

然而在成為蕭蕭老師的學生後，有了聽其言、觀其行的難得機

緣，這時會發現蕭蕭老師在佛老思想的形象下，更可以用《周易》中「天行健，君子以自強不息」這句話來形容的蕭蕭老師。其實，雄渾才是蕭蕭本色。

漫步在明道大學的校園，一路走來，會發現如風般的蕭蕭老師留下許多人文風貌，這些氣息灑落在天、地、樹林間，如同天上雲朵映照在鬐澤湖裡，雲水依依，然後，一一灑落，萌芽、紮根在明道大學。

於是這座離文壇最近的校園，有了追風詩牆、鳳凰詩園、雲天平臺、蕭蕭玄思道、唐風宋韻雲水間、龍人古琴教室；有了可以和臺北詩歌節、太平洋詩歌節相輝映的濁水溪詩歌節；有了余光中、席慕容、鄭愁予等詩人們造訪的足跡。蕭蕭承襲了翁鬧、賴和等先人腳步，春風化雨的繼續彰明教化。

這時我想到的蕭蕭老師，是即使面對危險性極高的大型手術，還是不忘開開玩笑，依然說出「我開心，你順利」的蕭蕭。手術後，在明道的教室裡，說出了「血管擴大了一公分，跟本人一樣，連血管也比一般人努力」的蕭蕭。

這是如一的蕭蕭，來自彰化・朝興的蕭蕭，總是比你想的還努力的蕭蕭。

是山，是水，是風，是蕭蕭

黃莉茹
臺灣彰化明道大學中華文化與傳播學系碩士生

「你可能知道蕭蕭可以指馬的叫聲、風聲還有落葉聲，也可以是白頭髮一根一根亮晶晶的樣子。不過，你知道『蕭蕭』也是一位作家的名字嗎？」這是翰林出版社在國小國語教材中，介紹蕭蕭老師的動畫開場白。身為國小工作者，也是明道大學的學生，看到小學生式的動畫，配上帶點滑稽語調的音調後，覺得又是有趣，又是親切。

蕭蕭是位詩人、散文家、評論家，也是一位教育家，就讀明道大學碩士班時，老師已經退休，僅兩週一次到校擔任博士班講座。雖然無緣坐在臺下直接聽大師的課，但是常常可以從文玲老師、學長姐口中，聽到：「蕭蕭老師……，蕭蕭老師……」，就在這捕風捉影之中，聽著蕭蕭老師的豐功偉業、奇人逸事，這位在書上、媒體上才能見到的大師，好像與他拉近了一些距離。

明道大學的學生是幸福的，即使不是文傳系的學生，都可以駐足在追風詩牆、鳳凰詩園文青一下；綠樹環繞的蠡澤湖旁，陽光穿過金黃點綴的落羽松灑了一地，蕭蕭玄思道也是另一種「金沙鋪地」，這美景體現了「畫中有詩」；蕭蕭書房的大書牆堆砌著老師的殷殷期盼，希望學生們藉讀書提升自己，在生命過程中認識自己。

蕭蕭老師喜歡在大自然裡面汲取心裡面所思考的，跟外物可以互動的，將之化成文字。他說寫詩是一種內心跟外境相碰撞的一種感

動，讓自己跟大自然有所呼應。而在我心目中，老師就如大自然中的山、水、風。

典範如山

孔子有可以一覽眾山小的泰山，李白有百看不厭的敬亭山，王維有宏偉壯大的終南山，蘇軾有千變萬化的廬山。蕭蕭老師在詩界就是座山，「仰之彌高，鑽之彌堅」，這座寶山就如山的意象，是穩如泰山的「典範」。

蕭蕭老師寫詩、散文，根基是漢學的厚實底蘊，他出版的數量驚人，堪稱典範；創辦詩社，對鄉土反思、關懷臺灣的情懷，也是典範；編詩、評詩自稱為「公僕」，在嚴謹的學術訓練下以臺灣的角度擇優評介，是先河典範；教育貢獻始終不遺餘力，教學、活動、捐書總是不落人後，更是典範。

同是詩人蘇紹連說：「評論家蕭蕭是導引詩路的燈，詩的創作家蕭蕭則是開拓詩路的腳印。」蕭蕭老師就如山一般的典範，陽剛、敦厚、恆定、穩固，堅立在臺灣的文壇，穩坐在大家的心中。

智慧如水

水在五色中屬「黑」色，是智慧的代表。

《月白風清》蕭蕭禪詩選使用打破常規的黑底白字，彷彿每個字都打上了聚光燈，既是智慧的結晶，也讓讀者觀照智慧。《雲水依依》寫的是茶，透過觀茶體察生命智慧，見證茶禪一味。

羅文玲老師在〈湛然月色明〉提到：讀蕭蕭老師的詩，如進入禪詩的長河，舒展奔騰，視覺與思緒都可以無限延伸。他的詩是現代詩

中珍貴的靈性之作，靜靜的在午後品讀，總有清明與喜悅在流動。

水利萬象萬物，滋潤生物、洗滌五濁，水止能照天、照萬物，水亦剛亦柔，隨遇而安。蕭蕭老師就是水一般的智慧，溫柔、謙卑、包容、美善，如「千江有水千江月」的水，映照出明月。

清明如風

風是自由的、無限的、幻化的，是形形色色的氣。

蕭蕭老師的詩，同一主題，卻有千變萬化的文字，用著「是喜是悲」的文字，體現生命的「無喜無悲」、「無善無惡」，也無風雨也無晴。

比起如風般的文字，我更喜歡說老師所帶來的「風」。老師寫詩，以詩的「言」、「士」、「寸」三方向思考，其中右上角的「士」，他解釋道：士代表讀書人，讀書人跟一般的人應該有不同，也許是人品，也許是風骨。一個寫詩的人就是一個士，就有當代知識分子的那種志向、風骨，所以他的詩不只是情感的披露，而且應該是能夠帶引讀者做生命的思考。羅文玲老師也說：

> 蕭蕭，一陣風，一陣清風，一陣江上清風，詩與文學隨著這一陣江上清風，撫慰著許多人心趨向聖美善真。

老師的風也是「春風化雨」的暖風，永遠想著為文學教育盡心盡力，時時記掛著文學教育的未來。

最後，分享一首蕭蕭老師的詩，

〈亂彈〉

沏一壺茶的時候
不切鳳梨

泡一杯茶的時候
不包柿餅

飲一甌茶的時候
不欠荔枝

啜一口茶的時候
不要又說又唱又彈又笑

這首〈亂彈〉雖然形式簡單，但是卻不亂談。四組排比增加了文章的節奏性，看似平淡、簡單，但詩中可以看到其妙處：每組排比句中的第二句，「切」、「包」、「欠」以及四個「又」，都是第一句動詞：「沏」、「泡」、「飲」、「啜」組合字中的一部分。字從本體分出，又恰如其意，文字之妙被巧妙的融合。

詩中以重複的四個「不」強調清寂純一，心經中因無法以五蘊來描述，只好以否定的「無」、「不」、「空」去除認知，因此以洞見自性本性。品茶時不佐以其他食物、活動，清心靜慮專一體察（茶），則得見茶性與本性。

對於茶本身即是「做自己」，不需要濃妝豔抹。茶的本色雖然平

淡，經歷它之後，清甜是它的饋贈，如同花香自有蝶來；對於品茶之人則要用心品茶、讀茶，喝出茶的味道、泡茶人的心意。茶禪一味，品茶是完全的感受，清寂自在的悟，以空覺知。

蕭蕭老師用真誠寫詩，待人處事、言教身教皆是如此，讓我們也學習老師那顆詩人的心，體會生命的美味。是山、是風、是水，在明道的校園裡，處處還是可見老師的身影！

我在明道大學裡的茶、古琴與書法

張明正

臺灣彰化明道大學中華文化與傳播學系碩士生

　　進入明道大學起源於書法，家居南部，學書數年後深感書法乃一門可窮其一生去鑽研與推展的固有文化，於是興起念研究所的念頭，苦於南部當時各大學研究所均無書法組，因此便決定到中部明道大學讀研究所，也因此除了書法本科外，還受到茶與古琴的薰陶。

一　茶

　　研二時期選修了羅文玲老師的中國美學史，蕭蕭老師的書《雲水依依》是研讀的書本之一，期間老師設了二次茶席，讓同學們品嘗岩茶，我自此接觸茶文化的領域。茶在我的記憶中，是小時候客廳茶几上的那一只大茶壺，裡面浸泡著一大把茶葉，這就是童年時期喝的茶。成年後喝茶的方式不再是如鄉下泡一大壺的茶水，而是改為一只小茶壺，即泡即喝，並不講求環境氛圍。文玲老師在課堂上擺設茶席款待同學，著實讓我大開眼界，為之驚艷，原來喝茶可以這麼講究，如此高貴而優雅，整個氣場完全改變，那一刻完全顛覆我對喝茶的印象。是年學校辦濁水溪詩歌節，文玲老師釋出訊息，邀請大家參與，我二話不說報名了活動。當日，一踏入鐵梅中心，立即感受到濃濃的茶文化，八張茶席，每張主題不同，風格各異，靜靜坐下來聽演說，

喝茶人用心泡出來的茶湯，幸福滿滿。心想，若有開茶的相關課程一定要選修。

　　幸運的是隔個學期學校開了茶文化傳播的課，於是有了機會更深入了解茶的世界。原來茶分綠、白、黃、青、紅與黑等六大類，上了一學期，思想與眼界完全提升到另一個層次。除了一個月一次的實際體驗，看茶、聞茶與品茶外，非上課期間，我也會到文玲老師辦公室找茶喝。辦公室裡常常會遇到二位長者，從陌生到熟悉，終於知道一位是憲仁老師另一位是蕭蕭老師。蕭蕭老師坐在靠外側的沙發上，穿著打扮很正式，就是一位學富五車，很有威望的學者。初見他時很讓人敬畏，久而久之，從他與文玲老師和其他學生的互動上，慢慢了解他是一位很容易親近，富有幽默感的學者。《雲水依依》是一本寫茶的詩，對於茶，蕭蕭老師奉獻不少心力，除了寫茶詩也策劃推動詩歌節，既喝茶也寫茶詩，寫茶的心事，更是遠跨海峽到福建找茶，交流茶與詩，使茶文化藉著文字與活動深植人心。書中有一篇〈舒卷〉：

　　　茶葉逐漸失去茶樹的翠綠
　　　卻堅持保留山的呼吸
　　　在舌尖面彈跳
　　　毛細孔裡學雲舒學雲卷

　　　我放棄獅子座的潑墨譜系
　　　像雲一般舒卷

其中我不解為何是獅子座而不是其他的星座，我小心翼翼地請教坐在沙發上的蕭蕭老師，老師未立即解惑，而是反問我，你了解獅子座嗎？心想我在天文館當志工，任導覽，對星座當然了解，於是就說起

獅子座出現的季節、形狀與亮星，但這不是老師要的答案，於是又問了獅子特性為何？我才意識到原來是占星學上的獅子座性格特徵。也因此了解到詩的涵意所在了。可見，蕭蕭老師是循循善誘教導學生的學者。

二　古琴

與古琴相遇也是研二那年，跟著博士班的學長到鐵梅中心旁聽古琴課。自古琴棋書畫是文人的雅興，既然已經學習書法，琴當然也要涉獵一下，明道大學裡的琴不是古箏，而是古琴，孔明唱空城計就是城上焚香操琴，靠一只琴嚇退司馬懿而流傳千古。古琴雖只有七弦，但卻是不簡單，生硬的手指彈起琴來還挺費事的，還好石冰老師耐心講解，一一指點，漸漸地就愛上古琴了。聽文玲老師說明道大學之所以會有古琴課程，是蕭蕭老師極力促成的，而最早的四具古琴還是文玲、蕭蕭與憲仁老師從龍人古琴村背回學校的，老師們如此盡心盡力付出，讓明道的學子受益匪淺，如此的言行身教比起在課堂書本上的文字還來的鮮活真實，是我學習的對象。何其有幸能在明道學習古琴，沉浸在高雅、幽遠的人文音樂世界。

三　書法

到明道大學念研究所，本就想在書法道路上多一份長進，修了幾位老師們的課，確實眼界大開，書藝理念也與時俱進，書論與實作也有了結合的驗證。當然書法並非以數年之功便可探得真理，領悟書道的路還很漫長，可以窮極一生，伴隨一世。

書法並非一味地只拿毛筆書寫，厚植功力，就可以成家的，必須

配合字外功，讀書養晦，喝茶養性，彈琴怡情，諸多配合的尋找法則真理，領悟自然之道，是一門自我修行的課程。

在明道大學裡，書法、茶與古琴三者並非毫無關聯，反而經常結合在一起，重要場合裡，經常可以看到設有茶席，而茶几上布置有書法寫成茶詩的絹布，一旁擺具古琴，聽著琴聲，或伴著吟詩，抑或者現場揮毫，濃濃的人文氣息，莊嚴而典雅。明道有書法、茶與古琴的滋養，實在幸福。

雲華無盡藏
——在茶裏相遇

張蕙雅

臺灣彰化明道大學中華文化與傳播學系碩士生

　　因茶緣認識了羅文玲老師、名間社大茶文化班是人才濟濟的茶領域班,「茶」讓我的視野變大變深,在羅老師多元的課程裡不止談茶、認識茶、更讓我們了解茶的文化淵源。「茶詩」更是上課中重要的課程它是行茶過程中的養分。來自對大自然敏銳觀察力及深厚文學造詣素養的蕭蕭老師在課堂上教我們讀詩,位於八卦山脈南端海拔約五拜公尺產茶的名間松柏嶺,讀起蕭蕭老師的詩特別有一份地域性的情感與觸動。

　　雲華無盡藏……雲華、雲霧之花,雲霧裡的光華,茶最美的別稱。無窮的寶藏在於詩書裏。生長在南投茶香的我、書中蕭蕭老師的一首茶詩道盡八卦山脈松柏坑、千百坑的地貌風情特色、詩的內容「松柏長青茶」

> 受之於天,傳之於人
> 玄天上帝唯一守護的茶丘陵
> 人在草木間微笑
> 人更在天地間,靜靜享受天之光地之靈
> 下臨懸崖式的松柏坑

　　　千百個山限水曲，獼猴保護區

　　　南側長達186公里的濁水溪兀自曲折迴繞

　　　合歡山、雪山來的的

　　　山風

　　　臺灣海峽來的海風

　　　會在這裡翻滾，歡喜成霧成露嬝繞

　　　此地是松柏嶺

　　　御林軍一樣環衛的檳榔樹

　　　白天吹送檳榔心的清香

　　　王者頭顱一樣堅實的鳳梨

　　　晚間輸送著鳳梨心的清甜

　　　此地是松柏嶺

　　　循著濁水溪流域

　　　合歡山、雪山來的的山風

　　　臺灣海峽來的海風

　　　就在這裡翻滾，嬝繞成霧成露歡欣

　　　遠方，渴望甘霖的人群

　　　松一樣　　去油去膩去腥

　　　柏一樣　　長青

　　名間鄉的「松柏嶺」舊名「松柏坑」因地形有千百坑而得名（臺語），地理位置於八卦山脈的尾端，最高峰「橫山」與彰化的二水、社頭交界處，附近有許多茂盛的松柏樹又稱松柏嶺。此地長年雲霧裊繞適合茶樹種植地形除丘陵地茶葉產量多生產量可稱全國之冠更獲得蔣故總統經國先生喜愛特提名為「松柏長青茶」

　　丘陵地上除有名的人在草木間「茶」以及中秋節前後送著清香的

檳榔心花香，還有個個如頭顱般的鳳梨矗立在田埂上。

　　記得二○二○年的冬天信義鄉梅花在同一時間綻放在寒冷的天氣裡雪白的梅花香味撲鼻而來，這是第一次和蕭蕭老師同遊。我們席座在信義鄉上坪頂蔡家古厝前用柴火古灶煮水泡茶、此情境像是宋代詩人杜耒的寒夜詩詞中的景象「寒夜客來茶當酒，竹爐湯沸火初紅。尋常一樣窗前月，才有梅花便不同。」

　　信一和蕭二（老師自稱）一位是剎那成永恆的影像高手，一位是步步成詩的詩人，同行的是三、四、五無不佩服老師的幽默和機智，老師帶給我們的不只是詩意還有深厚文學底蘊，老師是生活美學的觀察者……眼到、口到、手到……詩到，立馬成章成詩的功力實在讓才疏學淺的我讚嘆不已。

　　老師的內涵與幽默是大家所知悉的，常不經意的話語讓大家轟然大笑，例如：老婆餅裡面沒有老婆，獅子頭裡面沒有獅子，青蛙下蛋沒有青蛙…老師總是想得比別人快老師是生活觀察者更是實際行動者。

　　二○二一年末蕭蕭老師的「開心、開心」這兩個字很重也很輕，重的是老師的大手術輕的是老師的用詞遣字總是讓人舒心會心一笑。在術後的某日看到蕭蕭老師為新書簽名時、握筆雖微顫臉上卻有著堅毅的神情使我心存敬畏。老師的堅毅之心如松枝傲骨崢嶸、柏樹的莊重肅穆、松柏般堅忍不屈的的英雄氣概、四季長春、嚴冬而不衰。

茶道的N種幸福

林月娥

臺灣彰化明道大學中華文化與傳播學系碩士生

　　記得與蕭蕭老師初次見面是在明道大學國學所的辦公室，當時當任臨時的小茶童在一旁靜靜地泡茶，聽著老師們閒聊，後經由羅文玲老師的介紹而認識了蕭蕭老師，蕭蕭老師當時給我的感覺是：「這位教授一點也不嚴肅、也不會有架子、而且好有親和力喔！」後來再一次遇見蕭蕭老師時是在崇正基金會的錄影現場，基金會裡有個「茶香園」的茶道社團，老師受邀參加「白陽電視臺──文藝茶館」的節目錄影，在錄影前有先跟蕭蕭老師打招呼，老師還是那麼的親切就像鄰家爺爺一樣，真的一點大師的架子都沒有，很平易近人！

　　老師說，人體百分之七十是水分形成的，所以喝茶幾乎是每個人每天都必須要的，泡茶喝茶更是大多數人每天必做的例行公事，不管是三五好友喝茶閒聊、或是獨自一人靜心品茗時，在喝茶的過程中總是能享受到那得來不易的幸福感，老師把喝茶的美好與幸福透過文字詩詞記錄下來。

〈茶道的 N 種幸福——交心的幸福〉

一泡、二泡、三泡
　　頂多再加一份茶食的功夫
忍不住就掏心掏肺　掏出窖藏的年歲
　　直接晾在
　　你一看就看見的地方

茶道的N種幸福，就表示有很多種的幸福。在透過喝茶的過程中通常都會跟朋友一起聊天、談心，只要頻率對了，甚至會把內心深處無論是快樂、或是埋藏在內心深處的秘密都會傾述出來，就如同好漢剖腹來相見一樣的交心感覺，甚至從喝茶中而得到心靈深處的滿足感及小確幸，所以只要能與人喝茶喝得久的話，自然就能夠與人交心了。

　　在華人的社交活動中，有很多的事情包含生意上的合約、合作案，據所知都是在茶桌上來達成協議的，而不是在酒桌上。因為喝茶可以使人在頭腦理智清醒的狀態下做適度的放鬆，並做出正確的判斷與選擇。雖然喝酒也能使人放鬆，但過度的飲酒卻會使人醜態畢露而誤事。

　　所以在古時候的文人，原本常常藉由喝酒來助興讓文思能泉湧，但往往因為酒喝過頭，文章雖然寫出來了，卻經常有脫序的行為發生而損壞了名聲，故而改為飲茶，卻發現原來喝茶同樣也能使人文思泉湧、思路更為清晰，更重要的是不再有脫序的行為發生，名聲、形象變得更好，社會地位也跟著提升了。

〈茶道的 N 種幸福──回甘的幸福〉

喜怒晴雨也不過是火上的輕雨
唯有相思窩在舌尖、心底
　選擇你最定靜時
　撩撥你
　要你微微發汗　微微滋生津液

茶的回甘是餘韻猶存，就好比一個好朋友離開了我們還會去想念、去懷念一樣。每一個人都有喜怒哀樂的情緒，天氣有晴天和雨天，但人的心情也常常會隨著天氣的變化而影響著喜怒哀樂，當心情憂鬱或陰霾的天氣時，如果能喝上一杯好茶的話，就像火上的羽毛火一燒就沒了，喝上一杯溫熱的好茶能把這些不如意給化解掉了，心情自然就好了。

　　茶的回甘就如同想念好朋友一樣，留在我們的舌尖上，留在我們的心底。茶的回甘就像是與情人分開後，在你最定靜的時候來撩撥你。喝到一杯好茶會讓人發輕汗，發散身心得不如意。茶香的回甘會讓人滋生津液回味再三的。

〈茗芽香〉

　是揉捻過的香氣，才經久不散
從祖祖輩的大清
　到微微凍人手腳的山頂
　從唯有日與月俯臨的深山茶寮
　到素心人的客廳

團聚著，那茗芽的香
回繞靈敏的鼻端，盤旋腦門
感應詩人的心
──既是黃山谷的身外身
──也是黃庭堅的夢中夢

回應雲霧的召喚
覺醒的魂與靈　盡全身之力迸出枝頭
那芽，有些些興奮
有些些沒來由的身勁
清風裡輕輕抖了抖自己，一群
興奮的清新身影
歡呼太陽神
歡呼霧，歡呼雲

是凍頂茗茶才有這樣的彈性
大氣裡波動風雲，增強了弓身力勁
召喚這一身勁
在情人的舌尖舌腹、舌底舌根
生滿滿的玉液、滿滿的金津
這一身勁
彈身情愛的襟翼
到你心靈　深深，深深而無垠

在這首茶詩裡面，可看到蕭蕭老師對學生浚騰，因為做茶時的凝神與
專注而做出好茶，所以對浚騰流露著充分的讚賞、勉勵、鼓勵與期待。

茗：茶

芽：就是茶葉的一心二葉，剛冒出來的芽

香：茶的香氣

因為浚騰對茶的凝神專注，所以始終都只有一個名字叫「**茗芽香**」。

　　眾所皆知，早期臺灣凍頂烏龍茶的品種及製茶技術，是來自於清朝的中國福建，「凍頂」是臺灣南投的一個地名，在製茶期間採茶都是在天還沒亮的清晨就開始，那時，山上的溫度都還是會微微凍人手腳的，採摘後的茶葉因為經過發酵、揉捻製作的過程而產生了茶香，那是舒服的、久久不散的，溫暖著喝茶人的心間。

　　茶樹生長在雲霧繚繞的高山中，經過日月的交替洗禮，風一吹動喚醒靈魂，採茶姑娘、製茶師帶著愉悅的心情來製茶，所做出來的茶讓品茶的客人喝了之後，心情也變得更為愉悅、更為歡快！茶葉在茶園中充分的展現了生命力與活力，也因此彈生出情愛的火花。老師也藉由詩詞文字給予浚騰鼓勵與祝福，希望身邊也能出現一位合心的伴侶，在製茶的事業上一起共同推展、打拼，來展現生命的力與勁。

　　在老師的詩文中，也充分的展現出老師的無私、感恩、為人處事的大格局在。老師並沒有因為童年求學時環境的窮困而失志，幸遇到師長、貴人和鄉親的提攜，渡過艱難的時期，當老師成年後能力許可時，就盡自己最大的能力來回饋鄉親、回饋母校、回饋社會。老師也藉由文章來教育求學的學子們要懂得感恩、分享及回饋，盡自己能力所及對需要幫助的人伸出援手，而不是只有獨善其身而已。

　　老師也告訴我們，茶是無窮盡的寶藏，在雲霧中像花一樣綻放出自己的美好，奉獻自己給與自己不相關的人類，我們喝了茶以後是不是也要感恩茶，因為喝了茶以後讓我們人類的想像力藉由茶去飛翔遨遊人類的想像力，去找尋到無窮盡的寶藏。

一座「以書傳薪」的圖書館
──蕭蕭工作室

陳欣佑

臺灣彰化朝興國小教師

　　初聞蕭蕭教授是在我分發到朝興國小時，對文學認識頗深的友人對我說，你任教的學校有位鼎鼎有名的本土作家「蕭蕭」。說實話，當時的我對這件事無感，友人就介紹一篇文章「穿內褲的旗手」，拜讀文章後發現，原來每日我身處於蕭蕭教授同一場域，看著旗手，旗手看我。

　　蕭蕭教授在二〇一〇年憑著對家鄉的一股深濃的感情與記憶，讓他決定活化舊居，將家中三合院，打造成一座鄉村圖書室，名為「蕭蕭工作室」，開放給朝興小學弟妹們和鄉親免費使用。二〇一三年時逢朝興國小九十五週年校慶，蕭蕭教授帶給了朝興國小萬分的驚喜，他在電話中表示，深感三合院的圖書室量能有限，為了更明確的鼓勵學弟妹們，提升閱讀風氣，他決定將位居老家中的蕭蕭工作室捐贈給母校，整座搬遷到朝興國小，是何等的胸懷，願意無私無償的提供給這群鄉村孩子透過閱讀改變未來的機會。

　　用生命改變生命，用生命感動生命，產生良善的循環，是蕭蕭教授一貫的堅持，為了讓朝興學弟妹們更能體會大學長的用心，在教師節前夕，朝興國小舉辦了「以書傳心、薪火相傳」謝師恩活動，採人龍方式讓孩子親手將蕭蕭工作室館藏圖書傳遞到朝興國小，來彰顯代

代濃情與在地父執輩對孩子的期待。

　　活動當天，由蔡榮捷校長與蕭蕭教授率領下，將人龍延展到蕭蕭故居。在蕭蕭教授遞出象徵薪火相傳的第一疊書，孩子手中接下的是圖書也是期待，孩子開心地擁書在懷，三合院裡響起除了孩子的歡呼聲外，更多的是如雷的掌聲與滿溢的感動。一疊疊的圖書在孩子手中傳遞，一聲聲的期許在孩子心中響起，莫辜負學長對學弟妹的愛啊！

　　已是秋天，氣溫卻仍猶如盛夏七八月那般炎熱，朝興孩子臉上滿懷笑容，縱使揮汗如雨，卻仍興致高昂地完成使命，當蕭蕭工作室成功復刻在朝興國小的瞬間，最後一疊書由蕭蕭教授親手放上書櫃，琅琅書聲響起，孩子口中悅耳的文字，是蕭蕭教授的詩啊！孩子體會了蕭蕭教授對他們最深的期待，用他們目前所能回饋的能力表達對蕭蕭大學長的感謝，我永遠無法忘記當日蕭蕭教授的臉上表情，充滿慈愛的眼神、微揚的嘴角看著朝興的孩子。

　　是的，站在巨人的肩膀上可以看得更遠，透過蕭蕭與蕭蕭工作室，朝興的孩子透過廣泛的閱讀，未來可以走得更順遂！感謝蕭蕭教授一直以來對朝興國小的支持，猶如最堅強的後盾，引領著朝興學子前進！

　　二〇一七年彰化詩歌節首度試辦，嘉錄主任和我看著蕭蕭工作室上的詩選「阮老父」，徒生一股念頭，試試看能不能譜成曲子，讓朝興孩子唱吧！於是我們分頭進行，嘉錄主任聯繫蕭蕭教授，向他提出這個構思，希望能夠獲得他的青睞，願意將著作允許我們使用，蕭蕭教授一口答應，還親切地說道，練習時他願意回到母校幫學弟妹加油打氣。我和聖哲老師忙著將「阮老父」譜上曲調，感謝聖哲老師完成了我們的突發奇想，曲子熱騰騰的出爐了，惠玲老師利用本土語文課讓孩子踏踏實實地認識聲調與語意，聖哲老師利用音樂課加緊排練，蕭蕭教授排除萬難遠從臺北撥空返校幫學弟妹加油打氣，果然不負眾

望，演出當下〈掌聲如雷〉大獲好評，連當時副縣長都過來向孩子致意表達讚美。憑著一股新生之犢不畏虎的精神，隔年又帶著孩子參加彰化詩歌節比賽，沒有任何經驗的朝興孩子，站在臺前用心唱著「阮老父」，當比賽名次開始宣布時，我看見孩子雙手緊握胸前，念念有詞的希冀上天能夠有機會獲得名次，佳作、第三名依序地公布，我看見孩子的嘴角慢慢下沉，我心想親愛的孩子，你們在練習的過程中早已經得到最大的獎章，就是蕭蕭教授關心不斷，又再度親自回到母校指導，別對自己失去信心，果不其然孩子勇奪了第二名，贏得滿場掌聲，是蕭蕭教授給予他們有機會站上舞臺獲得尊榮，給予他們飛翔的羽翼，書本就如降落傘，要打開才有用！蕭蕭工作室就如寶庫，要深入其境才能獲得王冠！詩歌節就是如此，誰知道下次呢？或許在不久之後，驚奇又再度發生了呢！

向本土詩人看齊

羅苡安

臺灣彰化朝興國小六年級生

　　蕭蕭是一位赫赫有名的詩人，本名是蕭水順，出生在社頭鄉，同時也是朝興國小的校友，是我敬佩的學長。

　　他十六歲就開始接觸現代詩，並常投稿發表，從此步入詩壇，先後參加過水晶詩社等不同的文學社團，曾獲得第一屆青年文學獎、創世紀詩社創立二十周年評論獎，爾後在國學研究所擔任教授，教育英才，二〇一七年七月從明道大學退休。

　　他的著作等身，詩集汗牛充棟，其中我最情有獨鍾的一首詩是〈悲涼〉：

> 坐在風中
> 我逐漸醞釀一股悲涼
> 悲涼的情緒
> 山色水聲
> 悄然引起
> 消失
> 我垂下眼簾
> 讓淚含容所有的吶喊
> 無聲滴落

　　讀完這首詩，闔上書本後的我，彷彿知道了悲涼到底是何物，那就是淚水無聲的滴落，然後一起隨風消逝。我們人類也難免有哀愁的情緒，當我們靜下心來，情緒就會沉澱，心情也會比較穩定。我覺得悲涼這首詩真的意境深遠，我有空也還會再涉獵其他詩人的詩文。

　　寫到這裡，我也忍不住詩興，想提筆創作一首詩：〈稻田裡的蜜蜂〉：

　　　　蔚藍的天空
　　　　吹來了一陣涼爽的微風
　　　　蜜蜂的蜂蜜瀰漫著一股濃濃的香味
　　　　黃澄澄的稻田
　　　　是寬闊的大平原
　　　　一棵棵的秧苗
　　　　是農夫嘔心瀝血的創作

　　我也夢想成為一位遠近馳名的詩人，因為這樣更有機會讓各位欣賞我的作品，讓大家和我一樣不約而同愛上寫詩這件事。

跋

羅文玲
臺灣彰化明道大學國學研究中心主任

　　太陽，大公無私，均一而普及的照耀著大地，不分族群，不分人種，不分寒暑，不分階級，平等無私給予光明與溫暖。

　　在詩歌文化與教育上，蕭蕭老師就如太陽，帶來明亮與能量。

　　他就像太陽發光體一樣照亮著大家，他所擘畫的兩岸活動如「尋訪屈原後裔」、玉山學院博雅系列講座，乃至「詩歌的太陽——屈原文化詩歌節」，總是令人眼睛為之一亮，長達十年的「閩南詩歌節」及臺灣三大詩歌節之一「濁水溪詩歌節」，他提出以詩與茶、古琴、書法乃至戲劇結合的跨領域文學思考，讓活動場場精彩，如同陽光，讓許多人心中有詩和遠方。

　　一生為推動文化教育，用詩的境教，在明道大學建立「追風詩牆」、「鳳凰詩園」、「詩學研究中心」、「雲天平臺」，可以駐足在追風詩牆、鳳凰詩園文青一下；綠樹環繞的蠡澤湖旁，陽光穿過金黃點綴的落羽松灑了一地，學校回饋他的「蕭蕭玄思道」是自我淨化沉思的步道；「蕭蕭書房」的大書牆堆砌著老師的殷殷期盼，蕭蕭老師無私捐贈兩萬冊現代文學圖書，希望學生們藉讀書提升自己，在生命過程中認識自己，發現自己，這無私的情懷，如太陽一樣，點亮了學生的心光與對未來的盼望。

蕭蕭老師喜歡在山林裡散步，他說寫詩是內心跟外境相碰撞的一種感動，讓自己跟大自然有所呼應。推展十三年不中斷的濁水溪詩歌節，不斷思維如何為文學教育，不斷思維如何提升孩子的學習，讓詩歌的種子在自然的環境中走入生命。對文化活動全年無休的關懷與實質行動的支持，連年輕人都自嘆不如呀！十三年不中斷「濁水溪詩歌節」，或是跨越海峽十年「閩南詩歌節」，擘劃活動，擔任演講朗誦詩歌，也親自帶領布置場地，溫文優雅，幽默談吐，讓所有參與過活動的學生為之傾慕，如太陽般溫暖著大家，也如茶一般溫潤著所有人的心。

藍天和陽光本是澄澈透明、清白純潔，無需點綴。蕭蕭這一生飽覽天下奇觀美景，曾經獲邀前往香港大學、閩南師範大學、菲律賓以及新加坡，擔任駐校作家及客座教授，在臺灣不論是居住在臺北，或是回到故鄉彰化，筆耕不輟，永遠用詩心與文心溫潤著眾生，將生命的哲思，化作美好的詩篇，飛入讀者的心中，溫潤著世界。

吳三連獎頒獎當天，萬卷樓總經理梁錦興、國文天地總編輯張晏瑞認證蕭蕭，共同建議這個專輯的製作，明道大學因而聯繫閩南師大黃金明院長協助，促成了專輯的編輯和本書的出版，讓太陽普照陸海，讓詩溫暖人心。

文學研究叢書・現代詩學叢刊 0807023

他，喚醒太陽

主　　編	羅文玲、黃金明	
責任編輯	張晏瑞	
助理編輯	陳宣伊	
發 行 人	林慶彰	
總 經 理	梁錦興	
總 編 輯	張晏瑞	
編 輯 所	萬卷樓圖書股份有限公司	
排　　版	林曉敏	
封面設計	陳薈茗	
印　　刷	維中科技有限公司	

發　　行　萬卷樓圖書股份有限公司
　　　　　臺北市羅斯福路二段 41 號 6 樓之 3
　　　　　電話 (02)23216565
　　　　　傳真 (02)23218698
　　　　　電郵 SERVICE@WANJUAN.COM.TW
香港經銷　香港聯合書刊物流有限公司
　　　　　電話 (852)21502100
　　　　　傳真 (852)23560735

ISBN 978-986-478-669-5

2022 年 8 月初版一刷

定價：新臺幣 320 元

如何購買本書：

1. 劃撥購書，請透過以下郵政劃撥帳號：
　　帳號：15624015
　　戶名：萬卷樓圖書股份有限公司

2. 轉帳購書，請透過以下帳戶
　　合作金庫銀行 古亭分行
　　戶名：萬卷樓圖書股份有限公司
　　帳號：0877717092596

3. 網路購書，請透過萬卷樓網站
　　網址 WWW.WANJUAN.COM.TW

大量購書，請直接聯繫我們，將有專人為
您服務。客服：(02)23216565 分機 610

國家圖書館出版品預行編目資料

他,喚醒太陽 / 羅文玲、黃金明主編. -- 初版. --
- 臺北市 ：萬卷樓圖書股份有限公司, 2022.08
面 ；公分. -- (文學研究叢書. 現代詩學叢
刊 ；0807023)
ISBN 978-986-478-669-5(平裝)

1.CST: 蕭蕭　2.CST: 臺灣傳記　3.CST: 新詩
4.CST: 詩評

783.3886　　　　　　　　　　111005623